Heinz Trachsler

Sachtexte verstehen

Arbeitsblätter zum Textverständnis
und Wortschatz

ab Klasse 7

Kopiervorlagen mit Lösungen

Gedruckt auf umweltbewusst gefertigtem, chlorfrei gebleichtem und alterungsbeständigem Papier.

1. Auflage 2012
Nach den seit 2006 amtlich gültigen Regelungen der deutschen Rechtschreibung
© by Brigg Pädagogik Verlag GmbH, Augsburg
Alle Rechte vorbehalten.

Originalausgabe © 2009 elk *verlag* AG, CH-Winterthur, www.elkverlag.ch
Heinz Trachsler
Texte verstehen 2 – Sachtexte und Lernkontrollen

Illustrationen: Istvan Takacs

ISBN 978-3-87101-773-5   www.brigg-paedagogik.de

INHALTSVERZEICHNIS

VORBEMERKUNGEN

LESEVERSTEHEN

Als Lehrkraft wissen Sie, dass das technische Lesenkönnen nur eine Seite ist. Die andere Seite ist, den Inhalt der Worte und Sätze zu verstehen, die Bedeutung einzelner Begriffe aus dem Kontext zu erschließen, die Informationen eines längeren Textes während der Lektüre im Kopf zu behalten und nicht gleich wieder zu vergessen.

Diese Fertigkeit kann durch Training gelernt und verbessert werden. Diese Mappe stellt umfassendes Material hierfür zur Verfügung.

AUFBAU DER MATERIALIEN

Die Materialien sind in neun Einheiten aufgebaut; jede dieser Einheiten umfasst sechs oder sieben Seiten. Zu Beginn der Einheit wird jeweils ein Sachtext präsentiert. Er bildet den Ausgangspunkt für verschiedene Arbeitsblätter, die Aufgaben zum Textverständnis beinhalten. Solche Aufgaben sind Fragenkataloge (teilweise im Multiple-Choice-Verfahren), Aussagen zum Inhalt des Textes, bei denen man sich entscheiden muss, ob sie richtig oder falsch sind, Übungen zur Bedeutung einzelner Wörter oder Wendungen, die im Text vorkommen usw.

EINSATZ DER MATERIALIEN

Verschiedene Sachtexte werden angeboten: Bericht, Gebrauchsanweisung usw. Die Texte weisen unterschiedliche Schwierigkeitsgrade auf. Bei schwierigen Texten gibt es Erläuterungen zu einzelnen Wörtern – so zum Beispiel dann, wenn es sich um einen technischen oder fachsprachlichen Ausdruck handelt.

Grundsätzlich sollten die Texte ohne weitere Hilfsmittel lösbar sein. Je nach Leistungsstand der Klasse ist es aber durchaus denkbar, dass einzelne Schülerinnen und Schüler mit einem Wörterbuch arbeiten oder Begriffe im Internet suchen. Dies wird aber nicht die Regel sein.

Die Materialien können sowohl als Übungsblätter wie auch als Lernkontrollen eingesetzt werden. Dabei ermitteln die Schülerinnen und Schüler ihre Fähigkeit, Gelesenes in den Grundzügen zu erfassen und Zusammenhänge herzustellen. Es gibt Aufgaben, bei denen es um das grobe Verständnis des Inhalts geht; dazu kommen Aufgaben zum Verständnis der Details.

Heinz Trachsler: Sachtexte verstehen · ab Klasse 7 · Best.-Nr. 773 · © Brigg Pädagogik Verlag GmbH, Augsburg

VORBEMERKUNGEN

ZEILENANGABEN Bei einigen Aufgaben gibt es Hinweise auf entsprechende Text-stellen; als Hilfsmittel ist dann vermerkt, auf welcher Zeile sich ein Ausdruck oder eine Wendung befindet. Diese Zeilen-angaben beziehen sich auf die Texte exklusive Titel (jedoch inklusive Zwischenüberschriften).

PUNKTEZAHL Sie entscheiden als Lehrkraft selbst, ob Sie den Schülerinnen und Schülern alle Blätter einer Einheit geben möchten oder ob diese zum Beispiel nur zwei Seiten lösen sollen. Dementspre-chend variiert die Punktezahl einer Einheit. Die Gesamtpunkte-zahl ist darum auf den Arbeitsblättern nicht vermerkt, man kann sie aber sehr leicht ermitteln.

SELBSTKONTROLLE Für die allermeisten Übungen gibt es Lösungsblätter, die ein-deutig sind. Vereinzelt gibt es Aufträge, die eigenständige Ant-worten der Jugendlichen erfordern; in den Lösungsblättern gibt es dann jeweils ein Angebot, wie zum Beispiel eine Frage be-antwortet werden kann. Trotzdem ist es sinnvoll, dass die Schü-lerinnen und Schüler solche Blätter der Lehrkraft zeigen oder in einer Gruppe besprechen. Dies stellt sicher, dass die Schüler/-innen den Text richtig verstanden haben.

TEXTSORTEN Neben dem sicherlich sehr wichtigen Sprachtraining haben die Arbeitsblätter noch einen schönen Nebeneffekt – die Sensibili-sierung der Schüler/-innen für die Charakteristika der unter-schiedlichen Textsorten. Die Texte eignen sich, um auf die Metaebene zu gehen und quasi aus der Vogelperspektive her-aus zu entdecken, wodurch sich die Sprache einer Gebrauchs-anweisung von der eines Stelleninserats unterscheidet usw.

Gutes Gelingen wünscht Ihnen
Heinz Trachsler

Digicam (1)

Bedienungsanleitung, Teil 1

VORDERSEITE

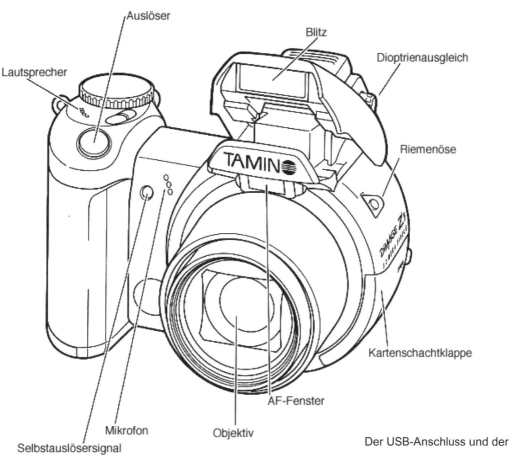

Der USB-Anschluss und der Videoausgang befinden sich hinter der Kartenschachtklappe. Der Batteriefachdeckel sowie der Stativanschluss befinden sich auf der Unterseite des Gehäuses.

Heinz Trachsler: Sachtexte verstehen · ab Klasse 7 · Best.-Nr. 773 · © Brigg Pädagogik Verlag GmbH, Augsburg

Digicam (2)

Bedienungsanleitung, Teil 2

RÜCKSEITE

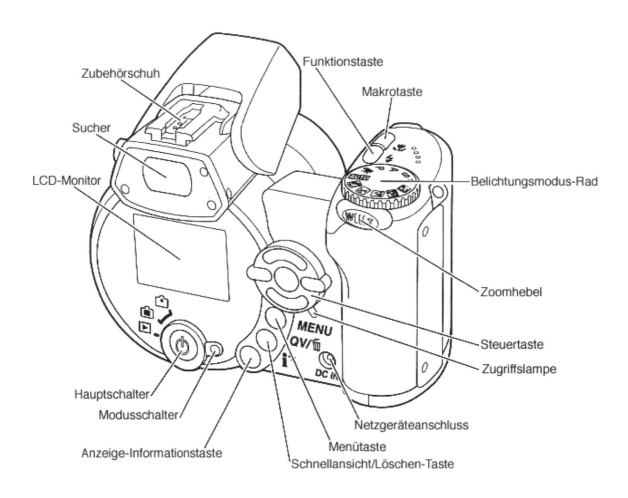

Zubehörschuh

Funktionstaste

Makrotaste

Sucher

LCD-Monitor

Belichtungsmodus-Rad

Zoomhebel

MENU
QV/🗑

Steuertaste

Zugriffslampe

DC IN

Hauptschalter

Modusschalter

Netzgeräteanschluss

Anzeige-Informationstaste

Menütaste

Schnellansicht/Löschen-Taste

Heinz Trachsler: Sachtexte verstehen · ab Klasse 7 · Best.-Nr. 773 · © Brigg Pädagogik Verlag GmbH, Augsburg

Digicam (3)

Verständnis 1

Beantworte anhand der Skizze auf dem Blatt Digicam (1) die folgenden Fragen mit Ja oder Nein.

Je 1 P. (ges. 10 P.)

	JA	NEIN
a) Kann ich die Kamera direkt an den Computer anschließen?		
b) Besitzt das Gerät eine Fernbedienung?		
c) Geschieht die Stromversorgung auch über einen Akku?		
d) Kann ich mich auch selbst fotografieren?		
e) Sind Videoaufnahmen möglich?		
f) Kann ich auch andere Objektive einsetzen?		
g) Sind auch Tonaufnahmen möglich?		
h) Kann man auch im Dunklen fotografieren?		
i) Kann es sein, dass „Digicam" Digitalkamera bedeutet?		
j) Gibt es einen Knopf zum Abdrücken?		

Beantworte die folgenden Fragen:

Welche Ansicht der Kamera zeigt die Skizze auf dem Blatt Digicam (1)?   **1 P.**

Kann man die Digicam auch als Kopierer benutzen?   **1 P.**

Digicam (4)

Verständnis 2

Beantworte anhand der Skizze auf den Blättern Digicam (1) und (2) die folgenden Fragen mit Ja oder Nein.

Je 1 P. (ges. 10 P.)

	JA	NEIN
a) Kann man Objekte näher oder weiter weg erscheinen lassen?		
b) Kann man mit dieser Kamera schlechte Aufnahmen löschen?		
c) Kann man die Lichtverhältnisse berücksichtigen?		
d) Kann man die Bilder von der Kamera direkt ausdrucken?		
e) Sind Unterwasseraufnahmen möglich?		
f) Kann man das Gerät direkt ein- und ausschalten?		
g) Kann man Zubehör wie z. B. ein Blitzlicht montieren?		
h) Hat die Kamera ein integriertes Stativ?		
i) Kann man mit dieser Kamera Details ganz nah aufnehmen?		
j) Kann man die Filmrolle aus der Kamera nehmen?		

Beantworte die folgenden Fragen:

Welche Ansicht der Kamera zeigt die Skizze auf dem Blatt Digicam (2)?　　**1 P.**

Hat die Digicam ein integriertes Modul zur Bildbearbeitung?　　**1 P.**

Heinz Trachsler: Sachtexte verstehen · ab Klasse 7 · Best.-Nr. 773 · © Brigg Pädagogik Verlag GmbH, Augsburg

Digicam (5)

Verständnis 3

Einlegen und Entnehmen der Speicherkarte

Öffnen Sie den Kartenschacht durch Schieben der Kartenschachtklappe nach vorne. Schieben Sie die Karte so weit wie möglich in den Schacht. Sie sollte einrasten. Die Vorderseite der Karte muss in Richtung Objektiv ausgerichtet sein. Achten Sie darauf, die Karte nicht zu verkanten und wenden Sie nie übermäßige Kraft an. Sollte die Karte blockieren, überprüfen Sie deren korrekte Ausrichtung.

Um eine Speicherkarte aus dem Kartenschacht zu entfernen, öffnen Sie den Schachtdeckel wie beschrieben und drücken Sie leicht gegen die Karte. So lösen Sie die Einrastung, die Karte tritt hervor und kann herausgezogen werden. Beachten Sie, dass die Karte nach längerem Gebrauch heiß werden kann. Schließen Sie die Kartenschachtklappe nach hinten.

Wurde die Speicherkarte in einer anderen Kamera benutzt, sollte sie vor dem Einlegen neu formatiert werden. Erscheint die Meldung „Karte nicht benutzbar" auf dem Display, sollte sie in der Kamera formatiert werden. Dies geschieht über das Register 1 des Wiedergabemenüs. Bei diesem Vorgang gehen alle auf der Karte gespeicherten Daten verloren. Sichern Sie also alles, was Sie behalten möchten, vorher auf Ihrem PC. Erscheint die Meldung „Kartenfehler", drücken Sie die mittlere Steuertaste, um das Fenster zu schließen und besuchen Sie die DIGICAM-Website. Auf dieser finden Sie die neuesten Kompatibilitätslisten für Speicherkarten in Verbindung mit Ihrer Kamera.

Beantworte die folgenden Fragen und gib an, in welcher Zeile du die Information gefunden hast.

In welche Richtung wird der Deckel des Kartenschachts geöffnet?   **2 P.**

Wie kann man die Einrastung der Karte lösen?   **2 P.**

Wann könnte die Karte heiß sein?   **2 P.**

In welchem Fall muss man die Karte neu formatieren?   **2 P.**

Was passiert beim Formatieren?   **2 P.**

Digicam (6)

Verständnis 4

Hilfe bei Störungen

Problem	Symptom	Ursache	Lösung
Ihre Kamera funktioniert nicht	Auf dem Display erscheint keine Anzeige	Akku ist leer	Laden Sie den Akku
		Batterien sind falsch eingesetzt	Setzen Sie die Batterie richtig ein
		Das Netzgerät ist nicht ordnungs- gemäß an- geschlossen	Stellen Sie sicher, dass das Netzgerät richtig angeschlossen ist
Kamera löst nicht aus	Der Bildzähler zeigt „000" an	Die Speicherkarte ist voll	Setzen Sie eine neue Speicherkarte ein
	Auf dem Display erscheint: „Keine Karte"	Es befindet sich keine Speicherkarte im Kartenschacht	Setzen Sie eine neue Speicherkarte ein
Die Bilder sind unscharf	Das Schärfesignal ist rot	Objekt liegt zu nahe am Objektiv	Verwenden Sie den Makrobereich
		Kamera befindet sich im Makrobereich	Reaktivieren Sie den Makrobereich
		Der Autofokus kann dieses Objekt nicht scharf stellen	Stellen Sie die Schärfe manuell ein

Beantworte die folgenden Fragen aufgrund der Bedienungsanleitung und der Tabelle oben.

je 2 P. (ges. 12 P.)

Woran erkennst du einen leeren Akku? _____

Wann zeigt der Bildzähler nur Nullen? _____

Was kontrollierst du, wenn die Kamera nicht auslöst? _____

Wann kontrollierst du die Batterien? _____

Was leuchtet bei Unschärfe auf? _____

Was machst du, wenn der Autofokus nicht ausreichend funktioniert? _____

Punkte: _____ von _____

Heinz Trachsler: Sachtexte verstehen · ab Klasse 7 · Best.-Nr. 773 · © Brigg Pädagogik Verlag GmbH, Augsburg

Bad Blumau (1)

Informationstext, Teil 1

Hotel Bad Blumau

Die Steiermark heißt auch „Land der hundert Wasser". Das hat seinen Grund in den fast unzähligen größeren und kleineren Bächen der vielerorts noch intakten Landschaften sowie den vielen warmen Quellen, die gefunden wurden, als hier nach Erdöl gesucht wurde. Das war 1972. Damals entdeckten die Forscher in über 1000 Metern Tiefe so viel thermisches Wasser, dass die Steiermark seither auch als das größte natürliche Spa Europas gilt. Diese Bezeichnung wurde übernommen von der berühmten belgischen Bäderstadt Spa und gilt heute allgemein für jede Art von Wellness- und Wohlfühlbereich in Hotels und Freizeitanlagen.

Im Thermenland Steiermark, wo auch die Erinnerung an den eigenwilligen Künstler Friedensreich Hundertwasser besonders lebendig ist, sprudeln acht Quellen, deren Wasser heilende Wirkung nachgesagt wird. Dies gilt vor allem bei rheumatischen Beschwerden, Stress, Verspannungen und bei Burnout-Syndrom.

Mittendrin liegt eine ganz besondere Kraftquelle: das Wellness Hotel Rogner Bad Blumau. Der Bau stammt unverkennbar von Hundertwasser, der sich zeitlebens gegen alle geometrisch klaren Strukturen in der Architektur gewehrt hat. Das verleiht seinen Bauten etwas Mystisches und Verträumtes – eine für ein Wellnesshotel geradezu ideale Voraussetzung. Das paradiesisch anmutende Heilbad erstreckt sich über 8500 Quadratmeter und bietet ein sinnliches Rundumkonzept mit Thermalwasserbecken, Schwimmbiotop, verschiedenen Saunen und professionell geführten Fitness-programmen. Raffinierte Beauty-Behandlungen verschönern, was immer sich verschönern lässt.

Ergänzt wird dieses allein schon umfassende Angebot durch diverse Energiepunkte, die sich im weitläufigen Park um das Gebäude herum verteilen. Beim keltischen Baumkreis etwa finden die Besucher die tiefe Ruhe der unverfälschten Natur.

Bad Blumau (2)

Informationstext, Teil 2

Aus dieser stammen übrigens auch jene steirischen Weine, die heute internationales Renommee genießen – egal, ob es sich um einen roséfarbenen Schilcher zur gebackenen Forelle oder einen frisch perlenden Gumlitzer zu einem auserlesenen Stück Fleisch handelt. Kein Wunder, dass die Steiermark den Namen „Grünes Herz Österreichs" trägt. Sanft eingebettet zwischen dem mächtigen Dachsteingebirge im Norden und den sonnenverwöhnten Rebhängen im Süden gilt sie als eine der schönsten Gegenden im Land.

Heinz Trachsler: Sachtexte verstehen · ab Klasse 7 · Best.-Nr. 773 · © Brigg Pädagogik Verlag GmbH, Augsburg

Bad Blumau (3)

Verständnis 1

Beantworte die folgenden Fragen durch Ankreuzen der richtigen Antwort.
Es gibt jeweils nur eine richtige Antwort.

Was bedeutet der Begriff „Spa"?   **1 P.**

– Ein Spa ist ein Wellnessbereich oder ein Heilbad.   ☐

– Ein Spa ist ein Kosmetikinstitut mit Schminkbar.   ☐

– Ein Spa ist ein Gymnastikraum mit Krafttraining.   ☐

– Ein Spa kommt von „spartanisch leben" und heißt Fastenkur.   ☐

Seit wann kennt man in der Steiermark so viele Thermalquellen?   **1 P.**

– Seit Urzeiten; schon im Mittelalter kamen die Pilger an diesen Ort.   ☐

– Seit etwa 2000; zur Jahrtausendwende fanden hier Spiele statt.   ☐

– Seit 1972, als man hier nach Erdöl suchte.   ☐

– Seit 1980, als der Künstler Hundertwasser die Thermen entdeckte.   ☐

Bei welchen Beschwerden helfen die Quellen im Thermenland Steiermark angeblich?   **1 P.**

– bei Rückenschmerzen aller Art   ☐

– bei Hautproblemen   ☐

– bei starker Migräne und anderen Kopfschmerzen   ☐

– bei rheumatischen Beschwerden und Verspannungen   ☐

Bad Blumau (4)

Verständnis 2

Beantworte die folgenden Fragen durch Ankreuzen der richtigen Antwort.
Es gibt jeweils nur eine richtige Antwort.

Von welchem Gebäude ist im Bericht die Rede? **1 P.**

– von einem großzügigen Hallenbad ☐

– von einem Hotel, das von einem Künstler erbaut wurde ☐

– von einem Golfclub der feinsten Art ☐

– von einem Museum über das Werk des Künstlers Friedensreich Hundertwasser ☐

Es heißt, dass es auf dem Gelände diverse Kraftorte gibt. Welchen zum Beispiel? **1 P.**

– einen magischen Fels mit Blick auf die Thermen ☐

– einen keltischen Baumkreis ☐

– eine Quelle, die in einen mächtigen Fluss mündet ☐

– ein Kornfeld mit spiralförmigen Wegen ☐

Die Steiermark ist auch berühmt für … **1 P.**

– feines Essen und auserlesene Weine. ☐

– duftende Körper- und Massageöle. ☐

– ihr großes Angebot an Kletterkursen und Angeboten für Bergwanderungen. ☐

– die jährlichen Wasserspiele mit großer Ausstrahlung. ☐

Heinz Trachsler: Sachtexte verstehen · ab Klasse 7 · Best.-Nr. 773 · © Brigg Pädagogik Verlag GmbH, Augsburg

Bad Blumau (5)

Verständnis 3

Welches Wort hat die gleiche Bedeutung? Kreuze an:

intakt (1. Textteil, 2. Zeile)   **1 P.**

unversehrt ☐

biologisch ☐

weiträumig ☐

unverbaut ☐

ideal (1. Textteil, 17. Zeile)   **1 P.**

gewinnbringend ☐

selten ☐

vermeintlich ☐

vollkommen ☐

professionell (1. Textteil, 19. Zeile)   **1 P.**

liebevoll ☐

aufwendig ☐

fachmännisch ☐

freiwillig ☐

steirisch (2. Textteil, 1. Zeile)   **1 P.**

von einer Steirerin erfunden ☐

aus der Steiermark kommend ☐

in die Steiermark eingeführt ☐

nur in der Steiermark bekannt ☐

Bad Blumau (6)

Verständnis 4

Welches Wort hat eine ähnliche Bedeutung? Kreuze an:

Wellness   1 P.

                          Brennessel   ☐

                          Wundertüte   ☐

                          Wellenmaschine   ☐

                          Wohlgefühl   ☐

Stress   1 P.

                          Arbeit   ☐

                          Überbeanspruchung   ☐

                          Strom   ☐

                          Schnelligkeit   ☐

mystisch   1 P.

                          winzig   ☐

                          griechisch   ☐

                          gigantisch   ☐

                          geheimnisvoll   ☐

Renommee   1 P.

                          Eintritt   ☐

                          Kartenspiel   ☐

                          Ruf   ☐

                          Gesellschaft   ☐

Bad Blumau (7)

Verständnis 5

Welche der folgenden Aussagen sind richtig und welche falsch?
Schreibe **R** oder **F** in die Kästchen rechts.

Je 1 P. (ges. 15 P.)

Das warme Wasser kommt aus über 1000 Metern Tiefe.	
Friedensreich Hundertwasser hat hier immer gebadet.	
Allein das Wasserbecken ist 8500 Quadratmeter groß.	
Im Fitnessbereich wird jede Besucherin/jeder Besucher von einem Coach betreut.	
Bad Blumau ist berühmt für seine Schönheitschirurgen.	
Schwimmbiotope sind natürlich gewachsene Teiche.	
Die Steirer fuhren nach Finnland, um sich über Saunen kundig zu machen.	
Der keltische Baumkreis wird durch Schneiden der Bäume in Form gebracht.	
Schilcher ist ein bekannter roséfarbener Landwein.	
Forelle wird oft gebacken zubereitet.	
Die Steiermark wird auch „Grünes Herz Österreichs" genannt.	
Die Steiermark besteht vor allem aus ebener Landschaft.	
In die Steiermark kommt man vor allem, um sich kulturell weiterzubilden.	
Das berühmteste Getränk ist das steirische Bier.	
Bad Blumau ist ein Wintersportort.	

Punkte: _____ von _____

Die Geschichte vom Osterhasen

Jeder weiß ganz genau, dass der Osterhase die Eier weder selbst legt noch bunt bemalt. Trotzdem erliegen jedes Jahr Kinder und Erwachsenen diesem Mythos und seiner Faszination.

Selbstverständlich sind sowohl der Hase wie auch die Eier uralte Symbole der Fruchtbarkeit, und nicht zufällig werden beide in der Frühlingszeit gefeiert. Ursprünglich soll der Osterhase ein gemeiner Feldhase gewesen sein, doch die Fruchtbarkeit der Kaninchen ist um einiges größer, bringt doch eine Lammer* im Bau unter Tag bis zu 15 Junge zur Welt. Für den Hasen sprechen allerdings die überlangen Ohren, an welchen die meisten Menschen den Schokohasen zuerst anbeißen.

Ursprünglich war Ostern ein jüdisches Fest, Passah genannt, das an das Ende der Sklaverei und den Auszug aus Ägypten erinnern sollte. Erst später wurde der Anlass in die christliche Glaubenslehre eingebaut und mit den aus dem Mittelalter bekannten bäuerlichen Riten zur Zeit der Kreuzigung und Auferstehung Jesu zusammengelegt. Aus dieser Zeit stammen auch der Hase und die Eier. Eine deutsche Legende aus dieser Zeit erzählt von einer armen Bauersfrau, die ihren Kindern keine Süßigkeiten zu diesem Fest kaufen konnte. Also hätte sie bunt bemalte Eier im Garten versteckt. Bei der Suche dieser Eier wären dann die Kinder auch noch einem fliehenden Hasen begegnet; sie glaubten deshalb, dass er die Eier gelegt und versteckt habe.

* Erläuterungen:

Lammer (Zeile 7)   Kaninchenweibchen

Osterhase (2)

Bericht, Teil 2

Ethnologische Wissenschaftler können dieser Legende nicht viel abgewinnen. Für sie ist der heute übliche Brauch auf das 17. Jahrhundert zurückzuführen, müsste demnach also viel jünger sein. In Sachsen wurde damals jedes Frühjahr der Göttin Ostara gehuldigt, deren Symboltier ein Hase gewesen sein soll. Fest steht in jedem Fall, dass die Eier schon seit jeher als Symbol für die Entstehung und Erneuerung des Lebens gelten. Weil ihr Verzehr jedoch während der Fastenzeit von der Kirche verboten war, stellten sie ein willkommenes Geschenk zum Osterfest dar.

Weniger mit Magie und Mythos als mit wirtschaftlichen Interessen haben die heute feilgebotenen Schokoladenhasen und -eier sowie das ganze Drumherum zu tun. Ihre gnadenlose Vermarktung zeigt überdeutlich, wie sich die Industrie dieser und auch anderer Symbole bemächtigt, um sie zu Geld zu machen. Doch eigenartigerweise ist der tiefere Sinn des Osterhasen, der für die Gemeinschaft und Familie steht, noch nicht ganz verloren gegangen.

   Heinz Trachsler: Sachtexte verstehen · ab Klasse 7 · Best.-Nr. 773 · © Brigg Pädagogik Verlag GmbH, Augsburg

Osterhase (3)

Verständnis 1

Beantworte die folgenden Fragen durch Ankreuzen der richtigen Antwort.
Es gibt jeweils nur eine richtige Antwort.

Was bedeutet der Begriff „Faszination"?   **1 P.**

– Märchen   ☐

– Schönheit   ☐

– Anziehungskraft   ☐

– Glauben   ☐

Eine „Legende" ist ...   **1 P.**

– ein Schauspiel   ☐

– eine Sage   ☐

– ein Roman   ☐

– ein Bildband   ☐

Der „Verzehr" bedeutet: **1 P.**

– das Verspeisen   ☐

– das Hungern   ☐

– die Sehnsucht   ☐

– das Verbot   ☐

Osterhase (4)

Verständnis 2

Beantworte die folgenden Fragen anhand der jeweiligen Textstellen.

Wer bringt mehr Junge zur Welt: der Hase oder das Kaninchen?

(ges.
8 P.)

_____

1 P.

Welcher Religion entstammt das Osterfest ursprünglich?

_____

1 P.

Wie hieß die germanische Göttin, die im Frühjahr gefeiert wurde?

_____

1 P.

Welchem Umstand verdanken wir die bemalten Eier?

_____

1 P.

Warum ist nicht die eierlegende Henne das Symbol des Osterfestes?

_____

1 P.

Was ist der tiefere Sinn des Osterfestes?

_____

1 P.

Welche Interessen spielen beim Osterfest heute mit – neben dem Mythos?

_____

1 P.

Was interessiert die Industrie am Osterfest?

_____

1 P.

    Heinz Trachsler: Sachtexte verstehen · ab Klasse 7 · Best.-Nr. 773 · © Brigg Pädagogik Verlag GmbH, Augsburg

Osterhase (5)

Verständnis 3

Erkläre die folgenden Aussagen.

„... erliegen jedes Jahr ...“ (1. Textteil, 2. Zeile)

_____   **1 P.**

„... uralte Symbole der Fruchtbarkeit, ...“ (1. Textteil, 4./5. Zeile)

_____   **1 P.**

„... können ... nicht viel abgewinnen.“ (2. Textteil, 1. Zeile)

_____   **1 P.**

„... schon seit jeher ...“ (2. Textteil, 5. Zeile)

_____   **1 P.**

„... feilgebotene Schokoladenhasen und -eier ...“ (2. Textteil, 9. Zeile)

_____   **1 P.**

„... das ganze Drumherum ...“ (2. Textteil, 9. Zeile)

_____   **1 P.**

„... ihre gnadenlose Vermarktung ...“ (2. Textteil, 10. Zeile)

_____   **1 P.**

„... der für Gemeinschaft und Familie steht, ...“ (2. Textteil, 12. Zeile)

_____   **1 P.**

Welches Wort hat eine ähnliche Bedeutung? Kreuze an:

gemeiner **1 P.**

frecher ☐

gewöhnlicher ☐

hinterhältiger ☐

böser ☐

Auszug **1 P.**

Ausreise ☐

Flucht ☐

Abfahrt ☐

Vorgang ☐

demnach **1 P.**

voraussichtlich ☐

denkbar ☐

nachher ☐

folglich ☐

bemächtigt **1 P.**

ergreift ☐

befiehlt ☐

besitzt ☐

verrechnet ☐

Heinz Trachsler: Sachtexte verstehen · ab Klasse 7 · Best.-Nr. 773 · © Brigg Pädagogik Verlag GmbH, Augsburg

Osterhase (7)

Verständnis 5

Welche der folgenden Aussagen sind richtig und welche falsch?
*Schreibe **R** oder **F** in die Kästchen rechts.*

Je 1 P. (ges. 15 P.)

Der Osterhase holt die Eier bei der Henne.	
Der Osterhase stammt vom Feldhasen.	
Hase und Eier sind Symbole der Intelligenz.	
Das Osterfest geht zurück auf das jüdische Passahfest.	
Der Osterhase hat mit der Auferstehung Jesu nichts zu tun.	
Ethnologie ist die Wissenschaft der Volksbräuche.	
Die Göttin Ostara war ein Symboltier.	
Eier gelten als Symbol für das Leben.	
Schokohasen haben mit Magie zu tun.	
Der Sinn des Osterfestes ist es, Geld zu verdienen.	
An Ostern legen die Hennen besonders große Eier.	
Alle Eier zu verstecken ist Stress für die Hasen.	
Es gibt Hasen, die kann man im Zoo ausleihen.	
Die Geschäfte machen während der Osterzeit viel Umsatz.	
Die jüdische Religionsgemeinschaft hat Ostern von den Christen übernommen.	

Punkte: _____ von _____

Muldiar (1)

Beipackzettel, Teil 1

Das Medikament Muldiar

Was ist Muldiar und wann wird es verabreicht?

Muldiar wird oral verabreicht und enthält die Wirkstoffe Tramadol und Paracetamol. Beide wirken gegen Schmerzen. *Muldiar* darf nur auf Verschreibung eines Arztes oder einer Ärztin angewendet werden.

Was sollte beachtet werden?

Muldiar ist ein äußerst stark wirkendes Schmerzmittel, das bei längerem Gebrauch zu Gewöhnung und Abhängigkeit führen kann. Befolgen Sie deshalb die von Ihrem Arzt vorgeschriebene Dosierung und Behandlungsdauer.

Wann darf Muldiar nicht eingenommen werden?

- Bei einer bekannten Überempfindlichkeit gegenüber Tramadol, anderen opioidähnlichen Arzneimitteln (wie Codein) und/oder Paracetamol. Eine solche Überempfindlichkeit äußert sich z. B. durch Asthma, Atemnot, Kreislaufbeschwerden, Schwellungen der Haut und Schleimhäute oder Hautausschläge wie Nesselfieber.
- Wenn Sie von Tramadol oder anderen verwandten Mitteln abhängig waren oder sind.
- Wenn Sie schwere Leber- oder Nierenprobleme haben.
- Bei akuten Vergiftungen mit Alkohol, Schlafmitteln, Schmerzmitteln oder Psychopharmaka.
- Wenn Sie MAO-Hemmer, d. h. Arzneimittel zur Behandlung von Depressionen eingenommen haben.
- Wenn Sie an Epilepsie leiden oder in der Vergangenheit andere Krampfanfälle hatten, oder wenn bei Ihnen ein bekanntes Risiko für Krampfanfälle besteht (Kopftrauma, Alkohol- oder Drogenentzug, Entzündungen des zentralen Nervensystems).
- Bei einer erheblichen Leberstörung (Meulengrachtkrankheit).
- Wenn Sie unter 16 Jahre alt sind.

Muldiar (2)

Beipackzettel, Teil 2

Wann ist bei der Einnahme Vorsicht geboten?

Dieses Arzneimittel kann die Reaktionsfähigkeit, die Fähigkeit zur Bedienung von Werkzeugen oder Maschinen sowie die Fahrtüchtigkeit erheblich beeinträchtigen!

Patienten oder Patientinnen, die auf Arzneimittel vom Typ der sogenannten Opioide (wie Codein) empfindlich reagieren (z. B. mit epileptischen Anfällen), sollten *Muldiar* nur mit Vorsicht anwenden. Bei der Einnahme von *Muldiar* wurden in seltenen Fällen Krampfanfälle beobachtet. Diese treten überwiegend bei gleichzeitiger Einnahme von Mitteln auf, welche die Krampfschwelle erniedrigen (Antidepressiva oder Arzneimittel zur Behandlung seelischer Erkrankungen). Ebenso ist besondere Vorsicht geboten bei Bewusstseinsstörungen unklarer Ursache, schweren Atembeschwerden, Störungen des Atemzentrums und der Atemfunktion, Zuständen mit erhöhtem Hirndruck z. B. nach Kopfverletzungen oder anderen Erkrankungen des Gehirns.
Bei gleichzeitiger Anwendung von Muldiar und Alkohol oder anderen Arzneimitteln, die ebenfalls auf das zentrale Nervensystem wirken (Beruhigungs- und Schlafmittel, Hustenmittel, Psychopharmaka), kann es zu einer gegenseitigen Verstärkung sowohl der erwünschten Wirkung als auch der unerwünschten Nebenwirkungen kommen. Wenn Sie *Muldiar* gleichzeitig mit Blutverdünnern der Coumarin-Gruppe (z. B. Warfarin) einnehmen, kann dies zu einem erhöhten Risiko von unkontrollierten Blutungen und blauen Flecken (Hautblutungen) führen. In einem solchen Fall ist unverzüglich ein Arzt aufzusuchen.

Darf Muldiar während der Schwangerschaft eingenommen werden?

Die Sicherheit von *Muldiar* während der Schwangerschaft oder in der Stillzeit ist noch nicht bestätigt. Folglich ist von einer Anwendung während dieser Zeit unbedingt Abstand zu nehmen.

   Heinz Trachsler: Sachtexte verstehen · ab Klasse 7 · Best.-Nr. 773 · © Brigg Pädagogik Verlag GmbH, Augsburg

Muldiar (3)

Verständnis 1

Beantworte die folgenden Fragen durch Ankreuzen der richtigen Antwort.
Es gibt jeweils nur eine richtige Antwort.

Wie wird *Muldiar* verabreicht?   **1 P.**

– Man muss es einreiben.   ☐

– Man muss es schlucken.   ☐

– Man muss Zäpfchen einführen.   ☐

– Man muss es einatmen.   ☐

Was bedeutet „Beeinträchtigung der Fahrtüchtigkeit"?   **1 P.**

– Auch gute Autofahrer/Autofahrerinnen lenken ihr Fahrzeug plötzlich schlecht.   ☐

– Beim Autofahren tritt Übelkeit auf.   ☐

– Man fährt automatisch schneller Auto.   ☐

– Das Autofahren wird gefährlich, weil man nicht schnell genug reagieren kann.   ☐

Was passiert bei gleichzeitiger Einnahme von *Muldiar* und Alkohol?   **1 P.**

– Die Nebenwirkungen können sich verstärken.   ☐

– Man bekommt Erstickungsanfälle.   ☐

– Häufig tritt ein heftiger Juckreiz auf.   ☐

– Das Durstgefühl wird verstärkt und man muss sehr viel trinken.   ☐

Muldiar (4)

Verständnis 2

Welche Umschreibung eines Begriffes aus dem Text passt am besten? Kreuze an:

Gewöhnung **1 P.**

Man sucht ständig nach etwas Neuem. ☐

Die Wirkung verstärkt sich. ☐

Mit der Zeit lässt die Wirkung nach. ☐

Ein Arzt oder Apotheker sollte immer da sein. ☐

Überempfindlichkeit **1 P.**

Ausgeprägtes Wärme- und Kälteempfinden ☐

Das Medikament schlägt aufs Gemüt. ☐

Heftige Reaktion des Körpers ☐

Der Körper zeigt keine Reaktion mehr. ☐

Depression **1 P.**

Niedergeschlagenheit, seelisches Tief ☐

Langanhaltende Grippe ☐

Erkrankung der inneren Organe ☐

Eine eingebildete Krankheit, die nicht existiert ☐

Risiko **1 P.**

Liebe zur Gefahr ☐

Freude an der Unsicherheit ☐

Ausgewogenheit ☐

Wagnis ☐

Heinz Trachsler: Sachtexte verstehen · ab Klasse 7 · Best.-Nr. 773 · © Brigg Pädagogik Verlag GmbH, Augsburg

Muldiar (5)

Verständnis 3

Welches Wort hat eine ähnliche Bedeutung? Kreuze an:

erheblich **1 P.**

      ein bisschen ☐

      deutlich ☐

      unverhältnismäßig ☐

      kaum ☐

Verschreibung **1 P.**

      Verordnung ☐

      Empfehlung ☐

      Ratschlag ☐

      Gesetz ☐

Asthma **1 P.**

      Atemnot ☐

      Atemstillstand ☐

      Ohnmacht ☐

      Aromatherapie ☐

beeinträchtigen **1 P.**

      gewährleisten ☐

      beeinflussen ☐

      behindern ☐

      verursachen ☐

Muldiar (6)

Verständnis 4

Erkläre die folgenden Aussagen.

„... bei längerem Gebrauch ..." (1. Textteil, 6. Zeile)

(ges. 8 P.)

_____   **1 P.**

„... abhängig waren oder sind ..." (1. Textteil, 15./16. Zeile)

_____   **1 P.**

„... bei akuten Vergiftungen ... " (1. Textteil, 18. Zeile)

_____   **1 P.**

„... zur Bedienung von Werkzeugen oder Maschinen ..." (2. T., 2./3. Zeile)

_____   **1 P.**

„... unklarer Ursache ..." (2. Textteil, 10. Zeile)

_____   **1 P.**

„... Psychopharmaka ..." (2. Textteil, 15. Zeile)

_____   **1 P.**

„... unverzüglich ein Arzt aufzusuchen ..." (2. Textteil, 20. Zeile)

_____   **1 P.**

„... ist ... Abstand zu nehmen ..." (2. Textteil, 23./24. Zeile)

_____   **1 P.**

   Heinz Trachsler: Sachtexte verstehen · ab Klasse 7 · Best.-Nr. 773 · © Brigg Pädagogik Verlag GmbH, Augsburg

Muldiar (7)

Verständnis 5

Welche der folgenden Aussagen sind richtig und welche falsch?
Schreibe **R** oder **F** in die Kästchen rechts.

Je 1 P. (ges. 15 P.)

Muldiar wirkt gegen Schmerzen aller Art.	
Muldiar ist nicht rezeptpflichtig und in allen Apotheken erhältlich.	
Muldiar ist ein leichtes Mittel ohne Nebenwirkungen.	
Parkinson-Patienten und -Patientinnen sollten Muldiar nicht einnehmen.	
Wer Tramadol nicht verträgt, sollte Muldiar verwenden.	
Muldiar wirkt hauptsächlich auf die Blutgefäße.	
Muldiar ist nur für Erwachsene empfohlen.	
Muldiar löst oft unkontrollierte Blutungen aus.	
Stillende Mütter dürfen Muldiar nicht verwenden.	
Muldiar verträgt sich sehr gut mit Alkohol.	
Warfarin ist ein Blutverdünner.	
Muldiar hilft auch bei der Meulengrachtkrankheit.	
Muldiar ist nichts für Epilepsie-Patienten und -Patientinnen.	
Man darf Muldiar ganz unkompliziert mit anderen Medikamenten einnehmen.	
Die Einnahme für Epileptikerinnen und Epileptiker ist unproblematisch.	

Punkte: _____ von _____

Wie die Polizei gefälschte Schriften erkennt

Speziell ausgebildete Experten der Polizei durchleuchten Dokumente, um Fälschern auf die Spur zu kommen.

Ganz besonderes Aufsehen erregte in dieser Hinsicht der Fall eines Bundesanwaltes, dessen Absetzung ein Bundesratsmitglied von langer Hand vorbereitet haben soll. Im Labor fanden Spezialisten schnell heraus, dass die wilden Spekulationen um einige handschriftliche Notizen jeder Grundlage entbehrten.

Meistens erreichen die Arbeiten der Prüfer nicht ein derartiges Medienecho, auch wenn die Fälle eher aus dem alltäglichen Leben gegriffen sind. Zum Beispiel jener eines Scheckbetrügers, welcher auf einem Scheck den Betrag von 1450.- Euro in 14500.- umwandelte. Der Laie würde kaum eine Unregelmäßigkeit entdecken, der Spezialist hingegen legt das Papier unter das Infrarot-Prüfgerät – und schon leuchten die nachträglich eingesetzten Schriftteile auf und entlarven den Betrüger oder die Betrügerin.

Am häufigsten untersuchen die Fachleute der Polizei Unterschriften auf ihre Echtheit. Sie analysieren seit über zwanzig Jahren Handschriften und haben ihre Ausbildung beim deutschen Bundeskriminalamt absolviert. Erst nach fünf Jahren Einsatz habe man genügend Routine für eigene Gutachten. Bis alle seiner Truppe so weit sind, überprüft immer einer der Routiniers die Resultate der „Anfänger", sagt uns der Chef dieser Abteilung.

Heinz Trachsler: Sachtexte verstehen · ab Klasse 7 · Best.-Nr. 773 · © Brigg Pädagogik Verlag GmbH, Augsburg

Urkundenfälschung (2)

Bericht, Teil 2

Solche Schriftkontrollen werden immer anhand eines Protokolls durchgeführt. In diesem werden etwa dreißig ganz typische Merkmale wie Buchstabenformen, Ober- und Unterlängen sowie Druckstellen aufgelistet. Wenn diese mit dem zu prüfenden Schriftstück mehrheitlich übereinstimmen, kann mit größter Wahrscheinlichkeit dessen Echtheit attestiert werden. Auftraggeber für solche Untersuchungen sind Gerichte sowie Justiz- und Polizeibehörden.

Eine Schrift so nachzuahmen, dass es auch ein geübter Experte nicht bemerkt, ist äußerst schwierig. Viele Fälscher müssen während des Schreibens häufiger absetzen, um beim Original nachzusehen, wie es weitergehen müsste. Solche Absetzer sind ein erster und wichtiger Hinweis für eine Fälschung. Oft stimmt auch der Bewegungsablauf nicht überein. Während der echte Verfasser bei einem D oben beginnt, versucht es der Nachahmer von unten. Unter dem Mikroskop und mit geübtem Auge sind solche Feinheiten gut sichtbar.

 Heinz Trachsler: Sachtexte verstehen · ab Klasse 7 · Best.-Nr. 773 · © Brigg Pädagogik Verlag GmbH, Augsburg

Urkundenfälschung (3)

Verständnis 1

Beanworte die folgenden Fragen und gib an, wo du deine Antwort gefunden hast
(1. oder 2. Textteil, welche Zeile?).

Wer wurde abgesetzt? (... Textteil, ... Zeile)   1 P.

_____

Mit welchem Gerät werden verdächtige Schriftstücke geprüft? (... Textteil, ... Zeile)   1 P.

_____

Wie lange wird ein Schriftprüfer ausgebildet, bis er Gutachten erstellen kann? (... T., ... Z.)   1 P.

_____

Wer sind die Auftraggeber für die Schriftprüfung? (... Textteil, ... Zeile)   1 P.

_____

Wie kann man sich zum Schriftexperten ausbilden lassen? (... Textteil, ... Zeile)   1 P.

_____

Wie viele typische Merkmale gibt es bei der persönlichen Schrift? (... Textteil, ... Zeile)   1 P.

_____

Was verrät den Fälscher beim Nachahmen der Schriftzüge? (... Textteil, ... Zeile)   1 P.

_____

Welches technische Hilfsmittel hilft beim Überprüfen der Schriftzüge? (... Textteil, ... Zeile)   1 P.

_____

Urkundenfälschung (4)

Verständnis 2

Welches Wort hat eine ähnliche Bedeutung? Kreuze an:

Experte **1 P.**

Fachmann	☐
Wissenschaftler	☐
Theoretiker	☐
Praktiker	☐

Labor **1 P.**

Atelier	☐
Dienstleistungszentrum	☐
Büro	☐
Versuchsraum	☐

analysieren **1 P.**

planen	☐
nachfragen	☐
untersuchen	☐
berichten	☐

attestieren **1 P.**

überführen	☐
bescheinigen	☐
verurteilen	☐
fälschen	☐

Heinz Trachsler: Sachtexte verstehen · ab Klasse 7 · Best.-Nr. 773 · © Brigg Pädagogik Verlag GmbH, Augsburg

Urkundenfälschung (5)

Verständnis 3

Erkläre oder umschreibe den Begriff in eigenen Worten. (ges. 10 P.)

Dokument **1 P.**

Spekulation **1 P.**

Scheck **1 P.**

Betrüger **1 P.**

Routinier **1 P.**

Protokoll **1 P.**

Mikroskop **1 P.**

Schriftkontrolle **1 P.**

Resultat **1 P.**

Feinheit **1 P.**

Urkundenfälschung (6)

Verständnis 4

Schreibe die folgenden Begriffe in weiblicher Form auf (Artikel + Substantiv).   (ges. 5 P.)

der Fachmann		**1 P.**
der Experte		**1 P.**
der Chef		**1 P.**
der Verfasser		**1 P.**
der Anwalt		**1 P.**

Welche der folgenden Aussagen sind richtig und welche falsch?
Schreibe R oder F in die Kästchen rechts.

Je 1 P. (ges. 10 P.)

Verdächtige Dokumente werden durchleuchtet.	
Gefälschte Unterschriften zu erkennen ist auch für Fachleute sehr schwierig.	
Das Labor zur Dokumentenprüfung gibt es seit über 20 Jahren.	
Jeder und jede kann hier arbeiten.	
Im Labor arbeiten nur „Anfänger".	
Das Labor arbeitet auch für das deutsche Bundeskriminalamt.	
Jedes Gericht hat ein eigenes Labor.	
Die meisten Fälschungen werden entlarvt.	
Jeder Mensch hat eine ganz charakteristische Schreibweise.	
Hauptsächlich werden Schecks gefälscht.	

Punkte: _____ von _____

Heinz Trachsler: Sachtexte verstehen · ab Klasse 7 · Best.-Nr. 773 · © Brigg Pädagogik Verlag GmbH, Augsburg

Stelleninserat (1)

Text der Anzeige

Weltweit an der Spitze dabei

Unser Unternehmen zählt zu den international führenden Herstellern komplexer Anlagen für die Druckweiterverarbeitung. Anspruchsvolle Technologie im modernen Maschinen- und Anlagenbau mit einem hohen Kundennutzen ist eines unserer Unternehmensziele. Die Abteilung Betrieb trägt dieses Ziel entscheidend mit und braucht nun Verstärkung. Suchen Sie als qualifizierter/qualifizierte

Leiter/Leiterin Instandhaltung

eine neue berufliche Herausforderung in einem technisch anspruchsvollen Umfeld?

Sie sind für die Planung und Durchführung der vorbeugenden Wartungen sowie Instandhaltungsarbeiten an Maschinen und Anlagen verantwortlich. Ebenso übernehmen Sie die Organisation der Installation und die Inbetriebnahme von neuen mechanischen und elektrischen Anlagen. Sie stellen sicher, dass der Bereitschafts-dienst gewährleistet ist, unterstützen den Gebäudeunterhalt und sind verantwortlich dafür, dass die gesetzlichen Vorschriften und betrieblichen Regelungen jederzeit strikt eingehalten werden. Bei der Evaluation neuer Werkzeugmaschinen oder ganzer Anlagen stehen Sie den entsprechenden Bereichen beratend zur Seite und bringen bei Prozessverbesserungen Ihre reiche Erfahrung mit ein. Um diese große Verantwortung optimal wahrnehmen zu können, werden Sie von drei Mitarbeitern unterstützt, die Sie fachlich, organisatorisch und personell führen.

Zur erfolgreichen Ausführung dieser interessanten und anspruchsvollen Tätigkeit verfügen Sie vorzugsweise über eine abgeschlossene Ausbildung als Mechaniker oder aus einem ähnlichen Berufsfeld mit Weiterbildung zum Instandhaltungsfachmann, zudem über Erfahrung im Werkzeugmaschinenunterhalt mechanisch und elektronisch im industriellen Umfeld.

Sie sind sehr flexibel und bereit, auch selbst im Team mitzuarbeiten. Ihr Organisations-talent, Ihre schnelle Auffassungsgabe sowie Ihre hohe Selbstständigkeit kommen Ihnen bei der Ausführung dieser Tätigkeit zu Gute.

Ihre Fähigkeit, als Führungsperson mit diversen Ansprechpartnern zu kommunizieren und sich gegebenenfalls durchzusetzen, gehört ebenso zu Ihren besonderen Eigen-schaften. Gute Anwenderkenntnisse im MS-Office sowie Erfahrungen mit SAP runden Ihr Profil ab.

Sind Sie an dieser vielseitigen Aufgabe mit hoher Verantwortung in unserem modernen, innovativen Unternehmen interessiert, freuen wir uns, Sie kennenzulernen. Ihre schriftliche Bewerbung mit den üblichen Unterlagen richten Sie an Herrn Alfons Zumbrunnen, Leiter Personal, Tel. 052 368 14 14.

Rössler & Partner, Buchbindesysteme, 8253 Diessenhofen.

Stelleninserat (2)

Verständnis 1

Welches Wort passt nicht in die Reihe? Unterstreiche es. (ges. 10 P.)

komplex	umfassend	gestört	verflochten	verzweigt	**1 P.**
qualifiziert	verschieden	fähig	ausgewiesen	geeignet	**1 P.**
vorbeugend	verneigend	verhütend	präventiv	vorausschauend	**1 P.**
strikt	unbedingt	streng	stur	stark	**1 P.**
optimal	ideal	bestmöglich	sofort	bestens	**1 P.**
flexibel	schnell	beweglich	elastisch	anpassungsfähig	**1 P.**
diverse	verschiedene	mehrere	andere	untergeordnete	**1 P.**
innovativ	erfolgreich	erneuernd	neuartig	frisch	**1 P.**
modern	zeitgemäß	kostbar	neuzeitlich	aktuell	**1 P.**
üblich	gewohnt	landläufig	gängig	erledigt	**1 P.**

Beantworte die folgenden Fragen. Du findest die Antworten im Text „Stelleninserat". (ges. 5 P.)

Für welche Aufgabe wird eine Person gesucht (Bezeichnung der Tätigkeit)?

1 P.

_____

Sucht man einen Mann oder eine Frau?

1 P.

_____

Welche Ausbildung sollte man absolviert haben, wenn man sich bewirbt?

1 P.

_____

Welche Voraussetzungen werden verlangt?

1 P.

_____

Was stellt dieses Unternehmen her?

1 P.

_____

Heinz Trachsler: Sachtexte verstehen · ab Klasse 7 · Best.-Nr. 773 · © Brigg Pädagogik Verlag GmbH, Augsburg

Stelleninserat (3)

Verständnis 2

Erkläre die folgenden Aussagen.   (ges. 8 P.)

„... mit einem hohen Kundennutzen ...“ (3. Zeile)

_____   **1 P.**

„... eine neue berufliche Herausforderung ...“ (7. Zeile)

_____   **1 P.**

„... Sie stellen sicher ... “ (11. Zeile)

_____   **1 P.**

„... (Sie stehen) ... beratend zur Seite ...“ (15. Zeile)

_____   **1 P.**

„... Ihre schnelle Auffassungsgabe ...“ (25. Zeile)

_____   **1 P.**

„... mit diversen Ansprechpartnern zu kommunizieren (27. Zeile)

_____   **1 P.**

„... (Ihre Fähigkeit), ... sich gegebenenfalls durchzusetzen ...“ (28. Zeile)

_____   **1 P.**

„... mit den üblichen Unterlagen ...“ (33. Zeile)

_____   **1 P.**

Stelleninserat (4)

Verständnis 3

- -

Welches Wort hat eine ähnliche Bedeutung? Kreuze an:

qualifiziert **1 P.**

        lernbereit ☐

        unfähig ☐

        überdurchschnittlich ☐

        gut ausgebildet ☐

Installation **1 P.**

        Veranda ☐

        Einrichtung ☐

        Versicherung ☐

        Fassade ☐

Evaluation **1 P.**

        Vorbereitung ☐

        Beurteilung ☐

        Durchführung ☐

        Fehleranzahl ☐

Organisationstalent **1 P.**

        Begabung, Ideen in die Tat umzusetzen ☐

        Begabung, Geld zu verdienen ☐

        Begabung, Menschen für eine Idee zu gewinnen ☐

        Begabung, die Kundschaft zu überzeugen ☐

Heinz Trachsler: Sachtexte verstehen · ab Klasse 7 · Best.-Nr. 773 · © Brigg Pädagogik Verlag GmbH, Augsburg

Stelleninserat (5)

Verständnis 4

Welche der folgenden Aussagen sind richtig und welche falsch?
*Schreibe **R** oder **F** in die Kästchen rechts.*

Je 1 P. (ges. 13 P.)

Das Unternehmen verkauft hauptsächlich im Ausland.	
Das Unternehmen stellt Druckmaschinen her.	
Für die Abteilung Personaladministration wird ein Leiter oder eine Leiterin gesucht.	
Die gesuchte Person muss Bereitschaftsdienst machen.	
Die gesuchte Person muss auch als Berater/Beraterin zur Verfügung stehen.	
Man hat auch Chancen, wenn man wenig Erfahrung mitbringt.	
Die gesuchte Person wird ganz alleine und auf sich gestellt arbeiten müssen.	
Eine kaufmännische Ausbildung ist unbedingt erforderlich.	
Man muss sich durchsetzen können und darf nicht allzu harmoniesüchtig sein.	
Man muss gute Computerkenntnisse haben.	
Das Unternehmen hat es verschlafen, sich fit für die Zukunft zu machen.	
Man muss die Bewerbung per E-Mail schicken.	
Man soll Zeugnisse und andere Leistungsnachweise vorweisen.	

Punkte: _____ von _____

Bike-Parcours (1)

Bericht, Teil 1

Tollkühne Kunst

Erdhügel, ein Podest aus rohen Brettern und Rampen aus Latten und das alles an einem steilen Abhang, sozusagen einer natürlichen Halfpipe. Simon Bühler hat sich in den letzten Monaten einen seiner größten Träume erfüllt und sich eine Trainingsbahn für seine Tricks mit dem Mountainbike gebaut.

So einen originellen Spielplatz – unter Insidern „slopestyle" – gibt es in der weiteren Umgebung keinen zweiten. So ist es denn anzunehmen, dass – ist der Park erst einmal fertig gestellt – auch Simons Kollegen hier zum Trainieren aufkreuzen werden. Dabei kann der 19-jährige Schüler von dieser Arbeit auf einem Stück Land, das ihm vom Besitzer zur Verfügung gestellt wurde, gleich doppelt profitieren: Erstens schafft er sich einen eigenen Freizeitpark und zweitens eine einmalige Facharbeit.

Nachdem er als Knirps mit dem BMX-Rad hinter dem Haus wilde Sprünge geübt hatte, ist er nun zu größeren Taten bereit mit einem größeren, solideren Bike und einem neuen Gelände für weitere, höhere und gewagtere Sprünge. Der etwa 100 Meter lange Parcours im Wald oberhalb des Ortes Schlattingen sollte dafür prädestiniert sein. Einem Laien dürften sich beim Anblick der Installationen die Nackenhaare sträuben: Vom „drop" – einer Art Steg – wird erst mal einige Meter in die Tiefe gesprungen. Wenn möglich, wird die Flug- oder Fallphase dazu genutzt, allerlei Tricks zu vollführen. Zum Beispiel einen „three-sixty", also eine ganze Drehung um die eigene Achse oder einen Rückwärtssalto. Solche waghalsigen Figuren sind das Salz und der Pfeffer dieser etwas ausgefallenen Sportart.

Bike-Parcours (2)

Bericht, Teil 2

Nach einigen Metern Fahrt auf dem fast lehmigen Grund der schluchtenartigen Gelände-kerbe folgt eine Steilwandkurve, welche diesem Namen alle Ehre macht. Ein vier Meter hohes, beinahe senkrechtes Waldbord, mit einem soliden Bretterrost verkleidet und abgestützt, erlaubt wiederum halsbrecherische Tricks und verleiht dem Könner das totale Freeride-Gefühl. Die „box" ist ein Podest, das über eine Rampe im Flug erklommen wird. Sie ist weniger zum Verschnaufen gebaut als für einen weiteren Sprung in die Tiefe und die Anfahrt auf einige Schanzen sowie die abschließende „quaterpipe". Diese animiert nochmals zu wilden Verrenkungen auf dem Rad.

Die Anlage des ganzen Parks erlaubt viele Varianten beim Spiel mit der natürlichen Schwerkraft, die dafür sorgt, dass auch die Protagonisten immer wieder auf den Boden zurückkehren. Die einzige Frage ist nur, wie. Aber um das zu optimieren, wird schließlich fleißig in der Spur trainiert. Wahnsinnig gefährlich sei dieser Sport nicht, wenn man sich langsam an die schwierigsten Figuren herantaste. Alles eine Übungssache! Wer Angst hat, sollte allerdings besser nicht fahren. Sie könnte im entscheidenden Moment den natürlichen Bewegungsablauf behindern und erst recht zu Stürzen führen.

Zurzeit trainiert Simon Bühler übrigens allein. Sein Bruder hat sich beim Biken die Hüfte gebrochen, will aber nach der Genesung wieder weiterfahren. Na denn, viel Glück!

 Heinz Trachsler: Sachtexte verstehen · ab Klasse 7 · Best.-Nr. 773 · © Brigg Pädagogik Verlag GmbH, Augsburg

Bike-Parcours (3)

Verständnis 1

Welche der folgenden Aussagen sind richtig und welche falsch?
*Schreibe **R** oder **F** in die Kästchen rechts.*

Je 1 P. (ges. 15 P.)

Simon Bühler hat seinen Bike-Park ganz allein aufgebaut.	
Die Figuren dieser Sportart haben englische Namen.	
Simon Bühler verwirklicht mit dem Projekt seine Doktorarbeit.	
Die Hindernisse bestehen aus Holz und Beton.	
Beim „three-sixty" dreht man sich um 360°.	
Diese Sportart ist völlig ungefährlich.	
Die „box" ist eine fast senkrechte Steilwandkurve.	
Die Erdanziehung holt jeden Fahrer und jede Fahrerin wieder auf den Boden.	
Ein bisschen Angst muss sein – wegen der Sicherheit.	
Die Anlage steht für die breite Bevölkerung offen.	
Die Bauzeit der Anlage erstreckte sich über drei Jahre.	
Simon Bühler hat hier seinen 20. Geburtstag gefeiert.	
Simon Bühler hat das Radfahren erst im Teenager-Alter entdeckt.	
Der Parcours befindet sich auf ebenem Gelände.	
Auch in dieser Sportart führt intensives Üben zum Erfolg.	

Bike-Parcours (4)

Verständnis 2

Beantworte die Fragen anhand der gefundenen Textstellen.   (ges. 8 P.)

Wie ist das Gelände beschaffen, das Simon für seinen Park ausgesucht hat?

_____   **1 P.**

Seit wann fährt Simon über Hügel und Rampen?

_____   **1 P.**

Warum sträuben sich dem Laien die Nackenhaare?

_____   **1 P.**

Woran erkennt man die Steilwandkurve?

_____   **1 P.**

Wozu geben die Sprünge von der „box" Anlass?

_____   **1 P.**

Weshalb trainiert Simon zurzeit allein?

_____   **1 P.**

Fährt Simon heute ein BMX-Rad?

_____   **1 P.**

Wie ist Simon zu seinem Trainingsplatz gekommen?

_____   **1 P.**

Heinz Trachsler: Sachtexte verstehen · ab Klasse 7 · Best.-Nr. 773 · © Brigg Pädagogik Verlag GmbH, Augsburg

Bike-Parcours (5)

Verständnis 3

Welches Wort hat eine ähnliche Bedeutung? Kreuze an.

Podest **1 P.**

        Forum ☐

        Leiter ☐

        Absatz ☐

        Rutsche ☐

originell **1 P.**

        verrückt ☐

        einmalig ☐

        seltsam ☐

        lustig ☐

profitieren **1 P.**

        seine Stärken zeigen ☐

        sich selbst beschenken ☐

        etwas durchsetzen ☐

        einen Nutzen ziehen ☐

Genesung **1 P.**

        Gnade ☐

        Heilung ☐

        Gottesdienst ☐

        Erbschaft ☐

Bike-Parcours (6)

Verständnis 4

Erkläre die folgenden Ausdrücke.   (ges. 6 P.)

Latten (1. Textteil, 1. Zeile)

                                                                        1 P.
_____

aufkreuzen (1. Textteil, 7. Zeile)

                                                                        1 P.
_____

Laien (1. Textteil, 15. Zeile)

                                                                        1 P.
_____

ausgefallen (1. Textteil, letzte Zeile)

                                                                        1 P.
_____

animiert (2. Textteil, 8. Zeile)

                                                                        1 P.
_____

Protagonisten (2. Textteil, 11. Zeile)

                                                                        1 P.
_____

Zusatzaufgabe:

Welches ist das BMX-Rad? Kreuze an.   **1 P.**

Punkte: _____ von _____

Heinz Trachsler: Sachtexte verstehen · ab Klasse 7 · Best.-Nr. 773 · © Brigg Pädagogik Verlag GmbH, Augsburg

Bier im Jugendtreff (1)

Medienbericht, Teil 1

Mit Bier gegen Alkohol

Die Jugendlichen wollen Spaß haben und gleichzeitig ihre Probleme ertränken. Das immer häufigere Ergebnis dieser Gratwanderung ist das regelmäßige Rauschtrinken. Einige Städte haben darauf mit einem nächtlichen Alkoholverbot reagiert, in der Ortschaft Wädenswil geht man hingegen den umgekehrten Weg: Bierausschank im Jugendtreff.

Das klingt vielleicht etwas verrückt, aber der zuständige Jugendarbeiter ist da anderer Ansicht: „Natürlich müssen die Veranstalter kontrollieren, wie viel die Jugendlichen trinken und wie alt sie sind. Aber wir unterstützen sie dabei mit extra für diesen Job ausgebildeten Leuten."

Alkohol ist eines der großen Jugendprobleme. Kein Wochenende vergeht ohne Zeitungsmeldungen von „Saufgelagen", und in die Krankenhäuser werden täglich bis zu fünf Jugendliche ab 13 Jahren mit Alkoholvergiftungen eingeliefert. Zwar nimmt die insgesamt konsumierte Menge ab, aber der Rest verteilt sich auf immer weniger Trinker. Unter den Schulpflichtigen trinkt heute jeder vierte Junge und jedes sechste Mädchen mindestens einmal pro Woche Alkohol.

Und nun schenkt ausgerechnet ein Jugendtreff Bier aus? Dazu meint der Jugendarbeiter: „Wenn Jugendliche Partys feiern, trinken sie so oder so Alkohol, da finden wir es besser, wenn sie es unter Aufsicht und in Maßen tun. Das Konzept ist mit der Stadt und der Polizei abgesprochen. Jeder Veranstalter einer Party verpflichtet sich vertraglich zur Einhaltung der vereinbarten Regeln. Betrinkt sich ein Festbesucher, bieten wir ihm sofort unsere Hilfe an, denn wir nehmen an, dass er Probleme hat, die er allein nicht lösen kann und sie im Rausch ersticken will."

Bier im Jugendtreff (2)

Medienbericht, Teil 2

Am heutigen Freitagabend ist das nicht nötig. Bis gegen 22 Uhr sind etwa 30 junge Männer und Frauen in die Mombasa-Bar gekommen. Etwa jeder zweite Besucher trinkt Bier. Der 21-jährige Andreas nicht. Er erzählt: „Ich komme seit Jahren regelmäßig hierher und erlebe es selten, dass sich einer volllaufen lässt." Auch die 18-jährige Annette ist Stammgast hier, und auch sie trinkt kein Bier. „Wein nähme ich schon, aber der ist nicht auf der Karte." Vollständig abstinent lebt Selina: „Alkohol bekommt mir einfach nicht", sagt sie und nippt an ihrer Cola. Freunde treffen, tanzen sowie quatschen und tratschen tun beide Mädchen lieber nüchtern. Dies steht im Gegensatz zu zahlreichen anderen jungen Menschen, bei denen erst mit einem Rausch die Post abgeht.

Gemäß einer neuen Studie sind der Spaßfaktor und das Bedürfnis, Alltagssorgen zu vergessen, für Jugendliche die wichtigsten Gründe für den „Suff". Dazu kommt wahrscheinlich noch ein gewisser Geltungsdrang gegenüber ihren Freunden und auch den vernünftigeren Erwachsenen: Irgendwie muss man sich ja von denen unterscheiden!

Die Gefahr dieses Verhaltens liegt einerseits in den unmittelbaren Gefahren des Rausches und der zunehmenden Aggressivität und andererseits im Risiko, abhängig zu werden und dauerhafte organische und psychische Schäden zu erleiden.

In Wädenswil ging dieser Abend völlig ruhig zu Ende: 52 Eintritte und 31 verkaufte Dosen Bier wurden verzeichnet.

   Heinz Trachsler: Sachtexte verstehen · ab Klasse 7 · Best.-Nr. 773 · © Brigg Pädagogik Verlag GmbH, Augsburg

Bier im Jugendtreff (3)

Verständnis 1

Erkläre die folgenden Ausdrücke. (ges. 6 P.)

Gratwanderung (1. Textteil, 2. Zeile)

1 P.

_____

ausgerechnet (1. Textteil, 16. Zeile)

1 P.

_____

vereinbarten (1. Textteil, 20. Zeile)

1 P.

_____

abstinent (2. Textteil, 6. Zeile)

1 P.

_____

Suff (2. Textteil, 12. Zeile)

1 P.

_____

organische (2. Textteil, 17. Zeile)

1 P.

_____

Beantworte die folgenden Fragen anhand der gefundenen Textstelle. (ges. 4 P.)

Warum trinken Jugendliche Alkohol?

1 P.

_____

Wie werden die Party-Veranstalter unterstützt?

1 P.

_____

Mit wem wurde das Konzept abgesprochen?

1 P.

_____

Welche unmittelbaren Gefahren lauern einem/einer Betrunkenen?

1 P.

_____

Bier im Jugendtreff (4)

Verständnis 2

Welche der folgenden Aussagen sind richtig und welche falsch?
*Schreibe **R** oder **F** in die Kästchen rechts.*

Je 1 P. (ges. 10 P.)

In Wädenswil gibt es im Jugendtreff Gratisbier.	
Alkohol ist ein großes Jugendproblem.	
Jeder vierte Junge und jedes sechste Mädchen trinkt täglich Alkohol.	
Oft wollen Jugendliche ihre Probleme durch Alkoholkonsum verdrängen.	
Betrunkene Festbesucher und -besucherinnen werden der Polizei übergeben.	
Annette sagt, dass sie aus Prinzip keinen Alkohol trinkt.	
Für Selina ist tanzen und quatschen wichtiger als Alkohol trinken.	
Andreas kommt regelmäßig hierher, um Bier zu trinken.	
Es gibt noch keine statistischen Angaben über die Trinkgewohnheiten Jugendlicher.	
Regelmäßiger und übermäßiger Alkoholkonsum schadet der Gesundheit.	

Stelle dir vor, du sollst in deiner Wohngemeinde für ein Projekt „Bier im Jugendtreff"
werben. Welche Argumente würdest du aufführen? (Das heißt nicht, dass du ein
solches Projekt im wirklichen Leben befürworten musst.) **2 P.**

Heinz Trachsler: Sachtexte verstehen · ab Klasse 7 · Best.-Nr. 773 · © Brigg Pädagogik Verlag GmbH, Augsburg

Bier im Jugendtreff (5)

Verständnis 3

Welcher Ausdruck passt nicht in die Reihe? Unterstreiche ihn. (ges. 10 P.)

Gratwanderung	schmaler Weg	Balanceakt	Grenzwert	Ausflug	**1 P.**
Job	Profession	Aufgabe	Sport	Beruf	**1 P.**
in Maßen	in Mengen	vernünftig	angemessen	in Horden	**1 P.**
ersticken	verkleinern	auslöschen	ermorden	abtöten	**1 P.**
tratschen	erzählen	plaudern	quatschen	flüstern	**1 P.**
psychisch	seelisch	seelenkundlich	die Psyche betreffend	körperlich	**1 P.**
zahlreich	viele	mehrere	andere	einige	**1 P.**
Studie	Untersuchung	Arbeit	Werk	Kopie	**1 P.**
Rausch	Unbewusstsein	Lust	Trunkenheit	Vergesslichkeit	**1 P.**
unterscheiden	abweichen	abfahren	abgrenzen	abheben	**1 P.**

Erkläre die folgenden Aussagen. (ges. 5 P.)

„... das regelmäßige Rauschtrinken." (1. Textteil, 2. Zeile)

_____ **1 P.**

„... mit Alkoholvergiftungen ..." (1. Textteil, 12. Zeile)

_____ **1 P.**

„... ist nicht auf der Karte." (2. Textteil, 6. Zeile)

_____ **1 P.**

„... die Post abgeht." (2. Textteil, 9./10. Zeile)

_____ **1 P.**

„... ein gewisser Geltungsdrang ..." (2. Textteil, 13. Zeile)

_____ **1 P.**

Bier im Jugendtreff (6)

Verständnis 4

Beantworte die folgenden Fragen durch Ankreuzen der richtigen Antwort.
Es gibt jeweils nur eine richtige Antwort.

Das Projekt „Bier im Jugendtreff" wurde gestartet, weil ... **1 P.**

– das Jugendtreff Einnahmen generieren wollte. ☐

– die Eltern der Jugendlichen darauf drängten. ☐

– die Polizei dem Jugendtreff einen Auftrag gab. ☐

– die Jugendarbeiter fanden, es sei die beste Möglichkeit, dem Problem zu begegnen. ☐

Ein wesentliches Element des Projekts ist, dass ... **1 P.**

– die Jugendarbeiter die Jugendlichen kontrollieren und ihnen Hilfe anbieten. ☐

– die Jugendarbeiter das Biertrinken verbieten. ☐

– die Jugendarbeiter bei der Polizei Anzeige erstatten. ☐

– die Eltern der Jugendlichen ebenfalls anwesend sind. ☐

In Wädenswil zeigt sich am besagten Abend, dass ... **1 P.**

– die Jugendarbeiter sich sehr anstrengen mussten, um die Situation zu bewältigen. ☐

– die Jugendlichen sich aggressiv verhielten. ☐

– die Jugendlichen maßvoll tranken. ☐

– gar kein Bier konsumiert wurde. ☐

Punkte: _____ von _____

Heinz Trachsler: Sachtexte verstehen · ab Klasse 7 · Best.-Nr. 773 · © Brigg Pädagogik Verlag GmbH, Augsburg

Biber im Thurgau (1)

Bericht, Teil 1

Auf den Spuren der Nager

Der Kanton Thurgau ist zur neuen Heimat der Biber geworden. Nirgends leben so viele
Biber wie hier, und nirgends ist deshalb mehr Aufwand erforderlich, die Menschen,
welche sich über angerichtete Schäden beklagen, mit dem arbeitsamen Tier
auszusöhnen. Leider konnten wir auf unserer kleinen Exkursion an den Weihern
oberhalb Kreuzlingen kein lebendes Tier zu Gesicht bekommen. Der Biber ist
nachtaktiv und äußerst menschenscheu. Kein Wunder! Wurde er doch über Jahrzehnte
gnadenlos verfolgt und schließlich in unserer Region gänzlich ausgerottet. Der Grund
ist ein Sekret aus der Drüse bei den Geschlechtsorganen, dem zwar auch heilende,
vor allem aber aphrodisierende* und potenzsteigernde Wirkung nachgesagt wurde.
Heute weiß man, dass dieses Sekret tatsächlich Salicylsäure enthält, die in vielen
Schmerzmitteln wie zum Beispiel Aspirin zu finden ist.

Der Biologe Philipp Bernet, der uns auf diesen Lehrausflug eingeladen hat, zeigt uns
eine stattliche gefällte Weide. Die deutlich sichtbaren Raspelspuren nächtlicher
Bemühungen sowohl am Stamm als auch am Strunk lassen keinen Zweifel offen: Das
war des Bibers Werk. Anhand eines präparierten Schädels zeigt uns der Experte die
vier kräftigen Schneidezähne, die übrigens laufend nachwachsen.

Seit Beginn dieses Jahres ist Herr Bernet im Auftrag von Pro Natura im Thurgau
unterwegs für das Projekt „Hallo Biber". Es ist seine Aufgabe, den etwa 250 Tieren,
also einem Viertel der gesamten Schweizer Population*, einen sicheren Lebensraum
zu schaffen und zu erhalten. Er tritt sozusagen als Anwalt der putzigen Nager auf, und
das hat seinen guten Grund. Nicht alle Menschen im Ostschweizer Kanton sind erfreut
über die Wiederansiedlung und prächtige Vermehrung des vor 200 Jahren völlig aus-
gerotteten Nagers. Dessen emsiges Treiben stößt vor allem bei Bauern auf wenig
Gegenliebe. Die Bauern haben dafür auch ihre Gründe.

* Erläuterungen:

aphrodisierend (Zeile 9)   den Geschlechtstrieb steigernd

Population (Zeile 19)   Gesamtheit der Lebewesen einer Art; Bevölkerung

Heinz Trachsler: Sachtexte verstehen · ab Klasse 7 · Best.-Nr. 773 · © Brigg Pädagogik Verlag GmbH, Augsburg

Biber im Thurgau (2)

Bericht, Teil 2

Der Biber fällt nicht nur Bäume – eine fünfköpfige Biberfamilie immerhin etwa 50 pro Jahr – er untergräbt auch Dämme, welche das Ackerland vor Überschwemmungen schützen sollten. Er staut Bäche und verstopft Drainagen*, und als Vegetarier ernährt er sich nicht nur von Baumrinde, sondern verschmäht auch Rüben, Mais und Äpfel nicht. Noch haben sich seine Gegner nicht organisiert, aber wütende Einzelreaktionen zeigen schon sehr deutlich, dass er nicht nur Freunde hat. Aus der rechten Seite der Politik ist zu hören, man solle die Tiere fangen und umsiedeln, am besten gleich ins Ausland. Die Jäger wollen ihn sowieso gleich zum Abschuss freigeben.

Ein Abschuss ist in der Tat schon heute möglich. Allerdings nur mit einer Bewilligung des Bundesamtes für Umwelt, und erst dann, wenn der Biber wirklich zur Plage wird, und davon kann im Thurgau keine Rede sein. Dies verdanken die Biber nicht zuletzt der Arbeit des Mediators* Philipp Bernet. Er vermittelt bei Konflikten zwischen Tier und Mensch und gibt gute Tipps und Ratschläge für mögliche Abwehrmaßnahmen. Für Feldfrüchte eignen sich Elektrozäune und für einzelne Baumstämme Drahtgitter. Die Kulturschäden, die der Biber im Jahr verursacht, belaufen sich auf 4000 Franken. Das ist sehr wenig im Vergleich zu den 200000 Franken, die auf das Konto der Wildschweine gehen. Vor allem aber möchte Bernet für die intelligenten und friedfertigen Nagetiere Freunde werben. Er sei immer fasziniert über ihr Geschick beim Bau von kunstvoll konstruierten Dammbauten oder bei der Technik beim Fällen von Bäumen, die genau dorthin fallen, wo der Biber sie haben will.

* Erläuterungen:

Drainagen (Zeile 3)	Entwässerung
Mediator (Zeile 12)	Vermittler

Heinz Trachsler: Sachtexte verstehen · ab Klasse 7 · Best.-Nr. 773 · © Brigg Pädagogik Verlag GmbH, Augsburg

Biber im Thurgau (3)

Verständnis 1

Beantworte die Fragen zum Text. (ges. 6 P.)

In welchem Kanton der Schweiz leben heute die meisten Biber?

1 P.

_____

Warum trifft man selten lebende Biber an?

1 P.

_____

Wie fällen die Biber dicke Bäume?

1 P.

_____

Wie viele Bäume fallen einem Biber pro Jahr zum Opfer?

1 P.

_____

Wer bewilligt Abschüsse, wenn ein Biber zu hohen Schaden anrichtet?

1 P.

_____

Was fressen Biber außer Baumrinde noch?

1 P.

_____

Erkläre die folgenden Ausdrücke oder Wendungen.

(ges. 4 P.)

„... sich ... mit dem Tier auszusöhnen." (1. Textteil, 3./4. Zeile)

1 P.

_____

„... anhand eines präparierten Schädels ..." (1. Textteil, 15. Zeile)

1 P.

_____

„... sozusagen als Anwalt der putzigen Nager ..." (1. Textteil, 20. Zeile)

1 P.

_____

„Noch haben sich seine Gegner nicht organisiert, ..." (2. Textteil, 5. Zeile)

1 P.

_____

Biber im Thurgau (4)

Verständnis 2

Welches Wort hat die gleiche Bedeutung? Kreuze an:

Exkursion **1 P.**

Hinrichtung	☐
Ausbildung	☐
Lehrausflug	☐
Außenstelle	☐

Sekret **1 P.**

Abteilung	☐
Möbelstück	☐
Geheimnis	☐
Körperflüssigkeit	☐

emsig **1 P.**

fleißig	☐
eitel	☐
verkrampft	☐
fortschrittlich	☐

fasziniert **1 P.**

gestört	☐
verraten	☐
bezaubert	☐
gewinnorientiert	☐

Heinz Trachsler: Sachtexte verstehen · ab Klasse 7 · Best.-Nr. 773 · © Brigg Pädagogik Verlag GmbH, Augsburg

Biber im Thurgau (5)

Verständnis 3

Beantworte die folgenden Fragen durch Ankreuzen der richtigen Antwort.
Es gibt jeweils nur eine richtige Antwort.

Die Wiederansiedelung des Bibers ist umstritten. Warum? **1 P.**

– Der Biber vertreibt die Feldhasen. ☐

– Der Biber vermehrt sich furchtbar schnell. ☐

– Der Biber fällt Bäume und zerstört menschliche Einrichtungen. ☐

– Der Biber frisst die Kleintiere der Bauern. ☐

Welche Rolle spielt „Pro Natura"? **1 P.**

– Diese Organisation kämpft für einen angemessenen Lebensraum für den Biber. ☐

– Diese Organisation sucht Sympathisanten für eine Ausrottung des Bibers. ☐

– Diese Organisation will, dass der Biber in andere Kantone ausweicht. ☐

– Die Organisation hat eine Initiative zum Schutz des Bibers im Parlament eingereicht. ☐

Wie versteht Philipp Bernet seine Aufgabe? **1 P.**

– Er prozessiert gegen die Bauern und Jäger. ☐

– Er setzt für jeden von einem Biber gefällten Baum eine Belohnung aus. ☐

– Er kämpft für die Biber, indem er Verständnis für das Tier bei den Menschen schafft. ☐

– Er überwacht alle Aktionen der Gegner der Biber. ☐

Biber im Thurgau (6)

Verständnis 4

Welche der folgenden Aussagen sind richtig und welche falsch?
*Schreibe **R** oder **F** in die Kästchen rechts.*

Je 1 P. (ges. 15 P.)

Das Leben mit den Bibern erfordert viel Aufwand für die Menschen.	
Die Schäden, welche die Biber anrichten, finden die Menschen nicht schlimm.	
Oberhalb von Kreuzlingen leben keine Biber.	
Biber gab es schon immer im Thurgau.	
Der Biber wurde über Jahrzehnte wegen seines Drüsensekrets verfolgt.	
Das Sekret brauchte man für die Herstellung eines Haarwuchsmittels.	
Philipp Bernet ist Mediziner.	
Man sieht an den gefällten Bäumen Raspelspuren der Biber.	
Die Zähne der Biber funktionieren wie eine Säge.	
Der Biber ist ein Allesfresser.	
Es gibt Politiker, die möchten den Biber ins benachbarte Ausland umsiedeln.	
Man darf Biber unter keinen Umständen abschießen.	
Man darf einen Biber abschießen, wenn er einen Baum fällt.	
Man darf Biber in Ausnahmefällen abschießen – dann, wenn sie zur Plage werden.	
Die Biber verursachen sehr viel weniger Schaden als die Wildschweine.	

Punkte: _____ von _____

 Heinz Trachsler: Sachtexte verstehen · ab Klasse 7 · Best.-Nr. 773 · © Brigg Pädagogik Verlag GmbH, Augsburg

Digicam (L 3)

Lösung – Verständnis 1

Beantworte anhand der Skizze auf dem Blatt Digicam (1) die folgenden Fragen mit Ja oder Nein.

Je 1 P. (ges. 10 P.)

	JA	NEIN
a) Kann ich die Kamera direkt an den Computer anschließen?	**JA**	
b) Besitzt das Gerät eine Fernbedienung?		**NEIN**
c) Geschieht die Stromversorgung auch über einen Akku?	**JA**	
d) Kann ich mich auch selbst fotografieren?	**JA**	
e) Sind Videoaufnahmen möglich?	**JA**	
f) Kann ich auch andere Objektive einsetzen?		**NEIN**
g) Sind auch Tonaufnahmen möglich?	**JA**	
h) Kann man auch im Dunklen fotografieren?	**JA**	
i) Kann es sein, dass „Digicam" Digitalkamera bedeutet?	**JA**	
j) Gibt es einen Knopf zum Abdrücken?	**JA**	

Beantworte die folgenden Fragen:

Welche Ansicht der Kamera zeigt die Skizze auf dem Blatt Digicam (1)? **1 P.**

Die Ansicht zeigt die Vorderseite der Kamera.

Kann man die Digicam auch als Kopierer benutzen? **1 P.**

Nein, das ist nicht möglich.

Digicam (L 4)

Lösung – Verständnis 2

Beantworte anhand der Skizze auf den Blättern Digicam (1) und (2) die folgenden Fragen mit Ja oder Nein.

Je 1 P. (ges. 10 P.)

	JA	NEIN
a) Kann man Objekte näher oder weiter weg erscheinen lassen?	**JA**	
b) Kann man mit dieser Kamera schlechte Aufnahmen löschen?	**JA**	
c) Kann man die Lichtverhältnisse berücksichtigen?	**JA**	
d) Kann man die Bilder von der Kamera direkt ausdrucken?		**NEIN**
e) Sind Unterwasseraufnahmen möglich?		**NEIN**
f) Kann man das Gerät direkt ein- und ausschalten?	**JA**	
g) Kann man Zubehör wie z. B. ein Blitzlicht montieren?	**JA**	
h) Hat die Kamera ein integriertes Stativ?		**NEIN**
i) Kann man mit dieser Kamera Details ganz nah aufnehmen?	**JA**	
j) Kann man die Filmrolle aus der Kamera nehmen?		**NEIN**

Beantworte die folgenden Fragen:

Welche Ansicht der Kamera zeigt die Skizze auf dem Blatt Digicam (2)?   **1 P.**

Die Ansicht zeigt die Rückseite der Kamera.

Hat die Digicam ein integriertes Modul zur Bildbearbeitung?   **1 P.**

Nein, hat sie nicht.

Heinz Trachsler: Sachtexte verstehen · ab Klasse 7 · Best.-Nr. 773 · © Brigg Pädagogik Verlag GmbH, Augsburg

Digicam (L 5)

Lösung – Verständnis 3

Einlegen und Entnehmen der Speicherkarte

Öffnen Sie den Kartenschacht durch Schieben der Kartenschachtklappe nach vorne. Schieben Sie die Karte so weit wie möglich in den Schacht. Sie sollte einrasten. Die Vorderseite der Karte muss in Richtung Objektiv ausgerichtet sein. Achten Sie darauf, die Karte nicht zu verkanten und wenden Sie nie übermäßige Kraft an. Sollte die Karte blockieren, überprüfen Sie deren korrekte Ausrichtung.

Um eine Speicherkarte aus dem Kartenschacht zu entfernen, öffnen Sie den Schachtdeckel wie beschrieben und drücken Sie leicht gegen die Karte. So lösen Sie die Einrastung, die Karte tritt hervor und kann herausgezogen werden. Beachten Sie, dass die Karte nach längerem Gebrauch heiß werden kann. Schließen Sie die Kartenschachtklappe nach hinten.

Wurde die Speicherkarte in einer anderen Kamera benutzt, sollte sie vor dem Einlegen neu formatiert werden. Erscheint die Meldung „Karte nicht benutzbar" auf dem Display, sollte sie in der Kamera formatiert werden. Dies geschieht über das Register 1 des Wiedergabemenüs. Bei diesem Vorgang gehen alle auf der Karte gespeicherten Daten verloren. Sichern Sie also alles, was Sie behalten möchten, vorher auf Ihrem PC. Erscheint die Meldung „Kartenfehler", drücken Sie die mittlere Steuertaste, um das Fenster zu schließen und besuchen Sie die DIGICAM-Website. Auf dieser finden Sie die neuesten Kompatibilitätslisten für Speicherkarten in Verbindung mit Ihrer Kamera.

Beantworte die folgenden Fragen und gib an, in welcher Zeile du die Information gefunden hast.

In welche Richtung wird der Deckel des Kartenschachts geöffnet? **2 P.**

nach vorne (1. Zeile)

Wie kann man die Einrastung der Karte lösen? **2 P.**

leicht dagegen drücken (7. Zeile)

Wann könnte die Karte heiß sein? **2 P.**

nach längerem Gebrauch (8./9. Zeile)

In welchem Fall muss man die Karte neu formatieren? **2 P.**

Wenn sie in einer anderen Kamera benutzt wurde (10. Zeile).

Was passiert beim Formatieren? **2 P.**

Die gespeicherten Daten gehen verloren (13. Zeile).

Digicam (L 6)

Lösung – Verständnis 4

Hilfe bei Störungen

Problem	Symptom	Ursache	Lösung
Ihre Kamera funktioniert nicht	Auf dem Display erscheint keine Anzeige	Akku ist leer	Laden Sie den Akku
		Batterien sind falsch eingesetzt	Setzen Sie die Batterie richtig ein
		Das Netzgerät ist nicht ordnungsgemäß angeschlossen	Stellen Sie sicher, dass das Netzgerät richtig angeschlossen ist
Kamera löst nicht aus	Der Bildzähler zeigt „000" an	Die Speicherkarte ist voll	Setzen Sie eine neue Speicherkarte ein
	Auf dem Display erscheint: „Keine Karte"	Es befindet sich keine Speicherkarte im Kartenschacht	Setzen sie eine neue Speicherkarte ein
Die Bilder sind unscharf	Das Schärfesignal ist rot	Objekt liegt zu nahe am Objektiv	Verwenden Sie den Makrobereich
		Kamera befindet sich im Makrobereich	Reaktivieren Sie den Makrobereich
		Der Autofokus kann dieses Objekt nicht scharf stellen	Stellen Sie die Schärfe manuell ein

Beantworte die folgenden Fragen aufgrund der Bedienungsanleitung und der Tabelle oben.

je 2 P. (ges. 12 P.)

Woran erkennst du einen leeren Akku?	**Es gibt keine Display-Anzeige.**
Wann zeigt der Bildzähler nur Nullen?	**Der Speicher ist voll oder nicht vorhanden.**
Was kontrollierst du, wenn die Kamera nicht auslöst?	**die Speicherkarte, die Batterien oder das Netzgerät**
Wann kontrollierst du die Batterien?	**Wenn keine Display-Anzeige erscheint.**
Was leuchtet bei Unschärfe auf?	**ein rotes Signal**
Was machst du, wenn der Autofokus nicht ausreichend funktioniert?	**Die Schärfe kann man manuell einstellen.**

Punkte: _____ von _____

Heinz Trachsler: Sachtexte verstehen · ab Klasse 7 · Best.-Nr. 773 · © Brigg Pädagogik Verlag GmbH, Augsburg

Bad Blumau (L 3)

Lösung – Verständnis 1

Beantworte die folgenden Fragen durch Ankreuzen der richtigen Antwort.
Es gibt jeweils nur eine richtige Antwort.

Was bedeutet der Begriff „Spa"?   **1 P.**

– Ein Spa ist ein Wellnessbereich oder ein Heilbad.   ☒

– Ein Spa ist ein Kosmetikinstitut mit Schminkbar.   ☐

– Ein Spa ist ein Gymnastikraum mit Krafttraining.   ☐

– Ein Spa kommt von „spartanisch leben" und heißt Fastenkur.   ☐

Seit wann kennt man in der Steiermark so viele Thermalquellen?   **1 P.**

– Seit Urzeiten; schon im Mittelalter kamen die Pilger an diesen Ort.   ☐

– Seit etwa 2000; zur Jahrtausendwende fanden hier Spiele statt.   ☐

– Seit 1972, als man hier nach Erdöl suchte.   ☒

– Seit 1980, als der Künstler Hundertwasser die Thermen entdeckte. ☐

Bei welchen Beschwerden helfen die Quellen im Thermenland Steiermark angeblich?   **1 P.**

– bei Rückenschmerzen aller Art   ☐

– bei Hautproblemen   ☐

– bei starker Migräne und anderen Kopfschmerzen   ☐

– bei rheumatischen Beschwerden und Verspannungen   ☒

Bad Blumau (L 4)

Lösung – Verständnis 2

Beantworte die folgenden Fragen durch Ankreuzen der richtigen Antwort.
Es gibt jeweils nur eine richtige Antwort.

Von welchem Gebäude ist im Bericht die Rede? **1 P.**

– von einem großzügigen Hallenbad ☐

– von einem Hotel, das von einem Künstler erbaut wurde ☒

– von einem Golfclub der feinsten Art ☐

– von einem Museum über das Werk des Künstlers Friedensreich Hundertwasser ☐

Es heißt, dass es auf dem Gelände diverse Kraftorte gibt. Welchen zum Beispiel? **1 P.**

– einen magischen Fels mit Blick auf die Thermen ☐

– einen keltischen Baumkreis ☒

– eine Quelle, die in einen mächtigen Fluss mündet ☐

– ein Kornfeld mit spiralförmigen Wegen ☐

Die Steiermark ist auch berühmt für … **1 P.**

– feines Essen und auserlesene Weine. ☒

– duftende Körper- und Massageöle. ☐

– ihr großes Angebot an Kletterkursen und Angeboten für Bergwanderungen. ☐

– die jährlichen Wasserspiele mit großer Ausstrahlung. ☐

Heinz Trachsler: Sachtexte verstehen · ab Klasse 7 · Best.-Nr. 773 · © Brigg Pädagogik Verlag GmbH, Augsburg

Bad Blumau (L 5)

Lösung – Verständnis 3

Welches Wort hat die gleiche Bedeutung? Kreuze an:

intakt (1. Textteil, 2. Zeile)   **1 P.**

unversehrt	☒
biologisch	☐
weiträumig	☐
unverbaut	☐

ideal (1. Textteil, 17. Zeile)   **1 P.**

gewinnbringend	☐
selten	☐
vermeintlich	☐
vollkommen	☒

professionell (1. Textteil, 19. Zeile)   **1 P.**

liebevoll	☐
aufwendig	☐
fachmännisch	☒
freiwillig	☐

steirisch (2. Textteil, 1. Zeile)   **1 P.**

von einer Steirerin erfunden	☐
aus der Steiermark kommend	☒
in die Steiermark eingeführt	☐
nur in der Steiermark bekannt	☐

Heinz Trachsler: Sachtexte verstehen · ab Klasse 7 · Best.-Nr. 773 · © Brigg Pädagogik Verlag GmbH, Augsburg

Bad Blumau (L 6)

Lösung – Verständnis 4

Welches Wort hat eine ähnliche Bedeutung? Kreuze an:

Wellness   1 P.

              Brennessel   ☐

              Wundertüte   ☐

              Wellenmaschine   ☐

              Wohlgefühl   ☒

Stress   1 P.

              Arbeit   ☐

              Überbeanspruchung   ☒

              Strom   ☐

              Schnelligkeit   ☐

mystisch   1 P.

              winzig   ☐

              griechisch   ☐

              gigantisch   ☐

              geheimnisvoll   ☒

Renommee   1 P.

              Eintritt   ☐

              Kartenspiel   ☐

              Ruf   ☒

              Gesellschaft   ☐

Bad Blumau (L 7)

Lösung – Verständnis 5

Welche der folgenden Aussagen sind richtig und welche falsch?
*Schreibe **R** oder **F** in die Kästchen rechts.*

Je 1 P. (ges. 15 P.)

Das warme Wasser kommt aus über 1000 Metern Tiefe.	R
Friedensreich Hundertwasser hat hier immer gebadet.	F
Allein das Wasserbecken ist 8500 Quadratmeter groß.	F
Im Fitnessbereich wird jede Besucherin/jeder Besucher von einem Coach betreut.	F
Bad Blumau ist berühmt für seine Schönheitschirurgen.	F
Schwimmbiotope sind natürlich gewachsene Teiche.	R
Die Steirer fuhren nach Finnland, um sich über Saunen kundig zu machen.	F
Der keltische Baumkreis wird durch Schneiden der Bäume in Form gebracht.	F
Schilcher ist ein bekannter roséfarbener Landwein.	R
Forelle wird oft gebacken zubereitet.	R
Die Steiermark wird auch „Grünes Herz Österreichs" genannt.	R
Die Steiermark besteht vor allem aus ebener Landschaft.	F
In die Steiermark kommt man vor allem, um sich kulturell weiterzubilden.	F
Das berühmteste Getränk ist das steirische Bier.	F
Bad Blumau ist ein Wintersportort.	F

Punkte: _____ von _____

Osterhase (L 3)

Lösung – Verständnis 1

Beantworte die folgenden Fragen durch Ankreuzen der richtigen Antwort.
Es gibt jeweils nur eine richtige Antwort.

Was bedeutet der Begriff „Faszination"? **1 P.**

– Märchen ☐

– Schönheit ☐

– Anziehungskraft ☒

– Glauben ☐

Eine „Legende" ist … **1 P.**

– ein Schauspiel ☐

– eine Sage ☒

– ein Roman ☐

– ein Bildband ☐

Der „Verzehr" bedeutet: **1 P.**

– das Verspeisen ☒

– das Hungern ☐

– die Sehnsucht ☐

– das Verbot ☐

Heinz Trachsler: Sachtexte verstehen · ab Klasse 7 · Best.-Nr. 773 · © Brigg Pädagogik Verlag GmbH, Augsburg

Osterhase (L 4)

Lösung – Verständnis 2

Beantworte die folgenden Fragen anhand der jeweiligen Textstellen.

Wer bringt mehr Junge zur Welt: der Hase oder das Kaninchen?

(ges. 8 P.)

das Kaninchen

1 P.

Welcher Religion entstammt das Osterfest ursprünglich?

Dem jüdischen Glauben; dort hieß es Passahfest.

1 P.

Wie hieß die germanische Göttin, die im Frühjahr gefeiert wurde?

Göttin Ostara

1 P.

Welchem Umstand verdanken wir die bemalten Eier?

Eine arme Bauersfrau musste ihren Kindern Eier bemalen, weil sie keine Süßigkeiten kaufen konnte.

1 P.

Warum ist nicht die eierlegende Henne das Symbol des Osterfestes?

Die Kinder sahen beim Eiersuchen einen fliehenden Hasen.

1 P.

Was ist der tiefere Sinn des Osterfestes?

Es ist ein Fest für die Gemeinschaft und für die Familie.

1 P.

Welche Interessen spielen beim Osterfest heute mit – neben dem Mythos?

Wirtschaftliche Interessen spielen mit.

1 P.

Was interessiert die Industrie am Osterfest?

Viele Unternehmen verdienen mit der Vermarktung der Hasen viel Geld.

1 P.

Osterhase (L 5)

Lösung – Verständnis 3

Erkläre die folgenden Aussagen.

„... erliegen jedes Jahr ...“ (1. Textteil, 2. Zeile)

(ges. 8 P.)

Sie können sich nicht dagegen wehren   1 P.

„... uralte Symbole der Fruchtbarkeit, ...“ (1. Textteil, 4./5. Zeile)

uralte Sinnbilder der Mutterschaft   1 P.

„... können ... nicht viel abgewinnen.“ (2. Textteil, 1. Zeile)

Sie halten nicht viel davon.   1 P.

„... schon seit jeher ...“ (2. Textteil, 5. Zeile)

Es war schon immer so.   1 P.

„... feilgebotene Schokoladenhasen und -eier ...“ (2. Textteil, 9. Zeile)

zum Verkauf angebotene Schokoladenhasen und -eier   1 P.

„... das ganze Drumherum...“ (2. Textteil, 9. Zeile)

alles, was dazu gehört; alles, was damit zusammenhängt   1 P.

„... ihre gnadenlose Vermarktung ...“ (2. Textteil, 10. Zeile)

Es gibt keinen Respekt vor dem Symbol mehr; es zählt nur noch der Verdienst.   1 P.

„... der für Gemeinschaft und Familie steht, ...“ (2. Textteil, 12. Zeile)

Er ist Sinnbild für den engsten Kreis der Gesellschaft.   1 P.

Heinz Trachsler: Sachtexte verstehen · ab Klasse 7 · Best.-Nr. 773 · © Brigg Pädagogik Verlag GmbH, Augsburg

Osterhase (L 6)

Lösung – Verständnis 4

Welches Wort hat eine ähnliche Bedeutung? Kreuze an:

gemeiner   **1 P.**

        frecher   ☐

        gewöhnlicher   ☒

        hinterhältiger   ☐

        böser   ☐

Auszug   **1 P.**

        Ausreise   ☒

        Flucht   ☐

        Abfahrt   ☐

        Vorgang   ☐

demnach   **1 P.**

        voraussichtlich   ☐

        denkbar   ☐

        nachher   ☐

        folglich   ☒

bemächtigt   **1 P.**

        ergreift   ☒

        befiehlt   ☐

        besitzt   ☐

        verrechnet   ☐

Heinz Trachsler: Sachtexte verstehen · ab Klasse 7 · Best.-Nr. 773 · © Brigg Pädagogik Verlag GmbH, Augsburg

Osterhase (L 7)

Lösung – Verständnis 5

Welche der folgenden Aussagen sind richtig und welche falsch?
Schreibe R oder F in die Kästchen rechts.

Je 1 P. (ges. 15 P.)

Der Osterhase holt die Eier bei der Henne.	F
Der Osterhase stammt vom Feldhasen.	R
Hase und Eier sind Symbole der Intelligenz.	F
Das Osterfest geht zurück auf das jüdische Passahfest.	R
Der Osterhase hat mit der Auferstehung Jesu nichts zu tun.	R
Ethnologie ist die Wissenschaft der Volksbräuche.	R
Die Göttin Ostara war ein Symboltier.	F
Eier gelten als Symbol für das Leben.	R
Schokohasen haben mit Magie zu tun.	F
Der Sinn des Osterfestes ist es, Geld zu verdienen.	F
An Ostern legen die Hennen besonders große Eier.	F
Alle Eier zu verstecken ist Stress für die Hasen.	F
Es gibt Hasen, die kann man im Zoo ausleihen.	F
Die Geschäfte machen während der Osterzeit viel Umsatz.	R
Die jüdische Religionsgemeinschaft hat Ostern von den Christen übernommen.	F

Punkte: _____ von _____

Heinz Trachsler: Sachtexte verstehen · ab Klasse 7 · Best.-Nr. 773 · © Brigg Pädagogik Verlag GmbH, Augsburg

Muldiar (L 3)

Lösung – Verständnis 1

Beantworte die folgenden Fragen durch Ankreuzen der richtigen Antwort.
Es gibt jeweils nur eine richtige Antwort.

Wie wird *Muldiar* verabreicht? **1 P.**

– Man muss es einreiben. ☐

– Man muss es schlucken. ☒

– Man muss Zäpfchen einführen. ☐

– Man muss es einatmen. ☐

Was bedeutet „Beeinträchtigung der Fahrtüchtigkeit"? **1 P.**

– Auch gute Autofahrer/Autofahrerinnen lenken ihr Fahrzeug plötzlich schlecht. ☐

– Beim Autofahren tritt Übelkeit auf. ☐

– Man fährt automatisch schneller Auto. ☐

– Das Autofahren wird gefährlich, weil man nicht schnell genug reagieren kann. ☒

Was passiert bei gleichzeitiger Einnahme von *Muldiar* und Alkohol? **1 P.**

– Die Nebenwirkungen können sich verstärken. ☒

– Man bekommt Erstickungsanfälle. ☐

– Häufig tritt ein heftiger Juckreiz auf. ☐

– Das Durstgefühl wird verstärkt und man muss sehr viel trinken. ☐

Welche Umschreibung eines Begriffes aus dem Text passt am besten? Kreuze an:

Gewöhnung   **1 P.**

Man sucht ständig nach etwas Neuem.   ☐

Die Wirkung verstärkt sich.   ☐

Mit der Zeit lässt die Wirkung nach.   ☒

Ein Arzt oder Apotheker sollte immer da sein.   ☐

Überempfindlichkeit   **1 P.**

Ausgeprägtes Wärme- und Kälteempfinden   ☐

Das Medikament schlägt aufs Gemüt.   ☐

Heftige Reaktion des Körpers   ☒

Der Körper zeigt keine Reaktion mehr.   ☐

Depression   **1 P.**

Niedergeschlagenheit, seelisches Tief   ☒

Langanhaltende Grippe   ☐

Erkrankung der inneren Organe   ☐

Eine eingebildete Krankheit, die nicht existiert   ☐

Risiko   **1 P.**

Liebe zur Gefahr   ☐

Freude an der Unsicherheit   ☐

Ausgewogenheit   ☐

Wagnis   ☒

Heinz Trachsler: Sachtexte verstehen · ab Klasse 7 · Best.-Nr. 773 · © Brigg Pädagogik Verlag GmbH, Augsburg

---

Welches Wort hat eine ähnliche Bedeutung? Kreuze an:

erheblich **1 P.**

ein bisschen ☐

deutlich ☒

unverhältnismäßig ☐

kaum ☐

Verschreibung **1 P.**

Verordnung ☒

Empfehlung ☐

Ratschlag ☐

Gesetz ☐

Asthma **1 P.**

Atemnot ☒

Atemstillstand ☐

Ohnmacht ☐

Aromatherapie ☐

beeinträchtigen **1 P.**

gewährleisten ☐

beeinflussen ☐

behindern ☒

verursachen ☐

Muldiar (L 6)

Lösung – Verständnis 4

Erkläre die folgenden Aussagen.

	(ges. 8 P.)
„... bei längerem Gebrauch ..." (1. Textteil, 6. Zeile)	
bei Einnahme über einen größeren Zeitraum (Monate oder Jahre)	1 P.
„... abhängig waren oder sind ..." (1. Textteil, 15./16. Zeile)	
ohne Einnahme nicht mehr leben konnten oder können	1 P.
„... bei akuten Vergiftungen ... " (1. Textteil, 18. Zeile)	
bei plötzlich auftretenden Vergiftungen	1 P.
„... zur Bedienung von Werkzeugen oder Maschinen ..." (2. Textteil, 2./3. Zeile)	
mit Maschinen zu arbeiten	1 P.
„... unklarer Ursache ..." (2. Textteil, 10. Zeile)	
Ursachen, von denen man nicht genau weiß, woher sie kommen	1 P.
„... Psychopharmaka ..." (2. Textteil, 15. Zeile)	
Medikamente gegen psychische Krankheiten	1 P.
„... ist unverzüglich ein Arzt aufzusuchen ..." (2. Textteil, 19./20. Zeile)	
ohne Umwege/sofort den Arzt aufsuchen	1 P.
„... ist ... Abstand zu nehmen ..." (2. Textteil, 23./24. Zeile)	
ist darauf zu verzichten	1 P.

 Heinz Trachsler: Sachtexte verstehen · ab Klasse 7 · Best.-Nr. 773 · © Brigg Pädagogik Verlag GmbH, Augsburg

Muldiar (L 7)

Lösung – Verständnis 5

Welche der folgenden Aussagen sind richtig und welche falsch?
*Schreibe **R** oder **F** in die Kästchen rechts.*

Je 1 P. (ges. 15 P.)

Muldiar wirkt gegen Schmerzen aller Art.	R
Muldiar ist nicht rezeptpflichtig und in allen Apotheken erhätlich.	F
Muldiar ist ein leichtes Mittel ohne Nebenwirkungen.	F
Parkinson-Patienten und -Patientinnen sollten Muldiar nicht einnehmen.	R
Wer Tramadol nicht verträgt, sollte Muldiar verwenden.	F
Muldiar wirkt hauptsächlich auf die Blutgefäße.	F
Muldiar ist nur für Erwachsene empfohlen.	R
Muldiar löst oft unkontrollierte Blutungen aus.	F
Stillende Mütter dürfen Muldiar nicht verwenden.	R
Muldiar verträgt sich sehr gut mit Alkohol.	F
Warfarin ist ein Blutverdünner.	R
Muldiar hilft auch bei der Meulengrachtkrankheit.	F
Muldiar ist nichts für Epilepsie-Patienten und -Patientinnen.	R
Man darf Muldiar ganz unkompliziert mit anderen Medikamenten einnehmen.	F
Die Einnahme für Epileptikerinnen und Epileptiker ist unproblematisch.	F

Punkte: _____ von _____

Urkundenfälschung (L 3)

Lösung – Verständnis 1

Beanworte die folgenden Fragen und gib an, wo du deine Antwort gefunden hast (1. oder 2. Textteil, welche Zeile?).

Wer wurde abgesetzt? (**1.** Textteil, **3.** Zeile) **1 P.**

ein Bundesanwalt

Mit welchem Gerät werden verdächtige Schriftstücke geprüft? (**1.** Textteil, **11.** Zeile) **1 P.**

mit einem Infrarot-Prüfgerät

Wie lange wird ein Schriftprüfer ausgebildet, bis er Gutachten erstellen kann? (**1.** T., **17.** Z.) **1 P.**

fünf Jahre

Wer sind die Auftraggeber für die Schriftprüfung? (**2.** Textteil, **5./6.** Zeile) **1 P.**

Gerichte, Justiz- und Polizeibehörden

Wie kann man sich zum Schriftexperten ausbilden lassen? (**1.** Textteil, **17.** Zeile) **1 P.**

Man absolviert eine Ausbildung beim deutschen Bundeskriminalamt.

Wie viele typische Merkmale gibt es bei der persönlichen Schrift? (**2.** Textteil, **2.** Zeile) **1 P.**

etwa dreißig

Was verrät den Fälscher beim Nachahmen der Schriftzüge? (**2.** Textteil, **10./11.** Zeile) **1 P.**

Es gibt Absetzer und der Bewegungsablauf stimmt nicht überein.

Welches technische Hilfsmittel hilft beim Überprüfen der Schriftzüge? (**2.** Textteil, **12.** Zeile) **1 P.**

ein Mikroskop

Heinz Trachsler: Sachtexte verstehen · ab Klasse 7 · Best.-Nr. 773 · © Brigg Pädagogik Verlag GmbH, Augsburg

Urkundenfälschung (L 4)

Lösung – Verständnis 2

Welches Wort hat eine ähnliche Bedeutung? Kreuze an:

Experte **1 P.**

Fachmann	☒
Wissenschaftler	☐
Theoretiker	☐
Praktiker	☐

Labor **1 P.**

Atelier	☐
Dienstleistungszentrum	☐
Büro	☐
Versuchsraum	☒

analysieren **1 P.**

planen	☐
nachfragen	☐
untersuchen	☒
berichten	☐

attestieren **1 P.**

überführen	☐
bescheinigen	☒
verurteilen	☐
fälschen	☐

Urkundenfälschung (L 5)

Lösung – Verständnis 3

Erkläre oder umschreibe den Begriff in eigenen Worten.　　　　　　(ges. 10 P.)

Dokument　　　　　　　　　　　　　　　　　　　　　　　　　　　　**1 P.**

Ein Dokument ist eine Urkunde, ein Schriftstück, ein Beweis für etwas.

Spekulation　　　　　　　　　　　　　　　　　　　　　　　　　　　**1 P.**

Man stellt eine Mutmaßung an oder erwartet, dass etwas eintrifft.

Scheck　　　　　　　　　　　　　　　　　　　　　　　　　　　　　**1 P.**

ein Wertpapier

Betrüger　　　　　　　　　　　　　　　　　　　　　　　　　　　　**1 P.**

jemand, der etwas vortäuscht oder andere hereinlegen will

Routinier　　　　　　　　　　　　　　　　　　　　　　　　　　　　**1 P.**

jemand, der eine Tätigkeit gewohnheitsmäßig und mit viel Erfahrung ausübt

Protokoll　　　　　　　　　　　　　　　　　　　　　　　　　　　　**1 P.**

ein Schriftstück, in dem der Ablauf eines Ereignisses genau festgelegt ist

Mikroskop　　　　　　　　　　　　　　　　　　　　　　　　　　　**1 P.**

ein Vergrößerungsglas

Schriftkontrolle　　　　　　　　　　　　　　　　　　　　　　　　　**1 P.**

Man kontrolliert, ob es bei der Schrift Unstimmigkeiten gibt (z. B. Absetzen).

Resultat　　　　　　　　　　　　　　　　　　　　　　　　　　　　**1 P.**

das Ergebnis einer Untersuchung oder eines Prozesses

Feinheit　　　　　　　　　　　　　　　　　　　　　　　　　　　　**1 P.**

winzige Auffälligkeiten; etwas, das man auf den ersten Blick nicht erkennt

 Heinz Trachsler: Sachtexte verstehen · ab Klasse 7 · Best.-Nr. 773 · © Brigg Pädagogik Verlag GmbH, Augsburg

Lösung – Verständnis 4

Schreibe die folgenden Begriffe in weiblicher Form auf (Artikel + Substantiv).   (ges. 5 P.)

der Fachmann	**die Fachfrau**	**1 P.**
der Experte	**die Expertin**	**1 P.**
der Chef	**die Chefin**	**1 P.**
der Verfasser	**die Verfasserin**	**1 P.**
der Anwalt	**die Anwältin**	**1 P.**

Welche der folgenden Aussagen sind richtig und welche falsch?
*Schreibe **R** oder **F** in die Kästchen rechts.*

Je 1 P. (ges. 10 P.)

Verdächtige Dokumente werden durchleuchtet.	**R**
Gefälschte Unterschriften zu erkennen ist auch für Fachleute sehr schwierig.	**F**
Das Labor zur Dokumentenprüfung gibt es seit über 20 Jahren.	**R**
Jeder und jede kann hier arbeiten.	**F**
Im Labor arbeiten nur „Anfänger".	**F**
Das Labor arbeitet auch für das deutsche Bundeskriminalamt.	**F**
Jedes Gericht hat ein eigenes Labor.	**F**
Die meisten Fälschungen werden entlarvt.	**R**
Jeder Mensch hat eine ganz charakteristische Schreibweise.	**R**
Hauptsächlich werden Schecks gefälscht.	**F**

Punkte: _____ von _____

Stelleninserat (L 2)

Lösung – Verständnis 1

Welches Wort passt nicht in die Reihe? Unterstreiche es.   (ges. 10 P.)

komplex	umfassend	<u>gestört</u>	verflochten	verzweigt	**1 P.**
qualifiziert	<u>verschieden</u>	fähig	ausgewiesen	geeignet	**1 P.**
vorbeugend	<u>verneigend</u>	verhütend	präventiv	vorausschauend	**1 P.**
strikt	unbedingt	streng	stur	<u>stark</u>	**1 P.**
optimal	ideal	bestmöglich	<u>sofort</u>	bestens	**1 P.**
flexibel	<u>schnell</u>	beweglich	elastisch	anpassungsfähig	**1 P.**
diverse	verschiedene	mehrere	andere	<u>untergeordnete</u>	**1 P.**
innovativ	<u>erfolgreich</u>	erneuernd	neuartig	frisch	**1 P.**
modern	zeitgemäß	<u>kostbar</u>	neuzeitlich	aktuell	**1 P.**
üblich	gewohnt	landläufig	gängig	<u>erledigt</u>	**1 P.**

Beantworte die folgenden Fragen. Du findest die Antworten im Text „Stelleninserat". (ges. 5 P.)

Für welche Aufgabe wird eine Person gesucht (Bezeichnung der Tätigkeit)?

für die Leitung der Instandhaltung   **1 P.**

Sucht man einen Mann oder eine Frau?

Männer und Frauen können sich bewerben.   **1 P.**

Welche Ausbildung sollte man absolviert haben, wenn man sich bewirbt?

Mechaniker oder einen ähnlichen Beruf   **1 P.**

Welche Voraussetzungen werden verlangt?

abgeschlossene Lehre, Weiterbildung, Erfahrung, Flexibilität,

Organisationstalent, gute Kommunikationsfähigkeit   **1 P.**

Was stellt dieses Unternehmen her?

Druckweiterverarbeitungsanlagen und Buchbindesysteme   **1 P.**

   Heinz Trachsler: Sachtexte verstehen · ab Klasse 7 · Best.-Nr. 773 · © Brigg Pädagogik Verlag GmbH, Augsburg

Stelleninserat (L 3)

Lösung – Verständnis 2

Erkläre die folgenden Aussagen.　　　　　　　　　　　　　　(ges. 8 P.)

„... mit einem hohen Kundennutzen ...“ (3. Zeile)

die Arbeit kommt direkt dem Kunden/der Kundin zugute　　　　　1 P.

„... eine neue berufliche Herausforderung ...“ (7. Zeile)

sich beruflich verändern wollen, eine neue Tätigkeit suchen　　　1 P.

„... Sie stellen sicher ... “ (11. Zeile)

Sie sorgen dafür, Sie sind verantwortlich dafür　　　　　　　　1 P.

„... (Sie stehen) ... beratend zur Seite ...“ (15. Zeile)

Sie unterstützen andere bei ihrer Arbeit, Sie sind offen für Fragen　1 P.

„... Ihre schnelle Auffassungsgabe ...“ (25. Zeile)

Dinge schnell zu begreifen　　　　　　　　　　　　　　　　1 P.

„... mit diversen Ansprechpartnern zu kommunizieren (27. Zeile)

Sie sprechen, telefonieren, mailen mit Geschäftspartnern, Kunden etc.　1 P.

„... (Ihre Fähigkeit), ... sich gegebenenfalls durchzusetzen ...“ (28. Zeile)

Sie setzen Ihre Ziele durch, auch gegen den Willen der Mitarbeitenden　1 P.

„... mit den üblichen Unterlagen ...“ (33. Zeile)

mit Zeugnissen, Lebenslauf, Referenzen　　　　　　　　　　　1 P.

Stelleninserat (L 4)

Lösung – Verständnis 3

Welches Wort hat eine ähnliche Bedeutung? Kreuze an:

qualifiziert **1 P.**

lernbereit	☐
unfähig	☐
überdurchschnittlich	☐
gut ausgebildet	☒

Installation **1 P.**

Veranda	☐
Einrichtung	☒
Versicherung	☐
Fassade	☐

Evaluation **1 P.**

Vorbereitung	☐
Beurteilung	☒
Durchführung	☐
Fehleranzahl	☐

Organisationstalent **1 P.**

Begabung, Ideen in die Tat umzusetzen	☒
Begabung, Geld zu verdienen	☐
Begabung, Menschen für eine Idee zu gewinnen	☐
Begabung, die Kundschaft zu überzeugen	☐

Heinz Trachsler: Sachtexte verstehen · ab Klasse 7 · Best.-Nr. 773 · © Brigg Pädagogik Verlag GmbH, Augsburg

----

Welche der folgenden Aussagen sind richtig und welche falsch?
Schreibe R oder F in die Kästchen rechts.

Je 1 P. (ges. 13 P.)

Das Unternehmen verkauft hauptsächlich im Ausland.	**R**
Das Unternehmen stellt Druckmaschinen her.	**F**
Für die Abteilung Personaladministration wird ein Leiter oder eine Leiterin gesucht.	**F**
Die gesuchte Person muss Bereitschaftsdienst machen.	**F**
Die gesuchte Person muss auch als Berater/Beraterin zur Verfügung stehen.	**R**
Man hat auch Chancen, wenn man wenig Erfahrung mitbringt.	**F**
Die gesuchte Person wird ganz alleine und auf sich gestellt arbeiten müssen.	**F**
Eine kaufmännische Ausbildung ist unbedingt erforderlich.	**F**
Man muss sich durchsetzen können und darf nicht allzu harmoniesüchtig sein.	**R**
Man muss gute Computerkenntnisse haben.	**R**
Das Unternehmen hat es verschlafen, sich fit für die Zukunft zu machen.	**F**
Man muss die Bewerbung per E-Mail schicken.	**F**
Man soll Zeugnisse und andere Leistungsnachweise vorweisen.	**R**

Punkte: _____ von _____

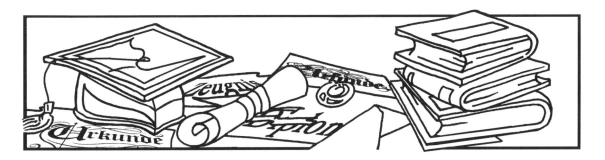

Bike-Parcours (L 3)

Lösung – Verständnis 1

Welche der folgenden Aussagen sind richtig und welche falsch?
*Schreibe **R** oder **F** in die Kästchen rechts.*

Je 1 P. (ges. 15 P.)

Simon Bühler hat seinen Bike-Park ganz allein aufgebaut.	**R**
Die Figuren dieser Sportart haben englische Namen.	**R**
Simon Bühler verwirklicht mit dem Projekt seine Doktorarbeit.	**F**
Die Hindernisse bestehen aus Holz und Beton.	**F**
Beim „three-sixty" dreht man sich um 360°.	**R**
Diese Sportart ist völlig ungefährlich.	**F**
Die „box" ist eine fast senkrechte Steilwandkurve.	**F**
Die Erdanziehung holt jeden Fahrer und jede Fahrerin wieder auf den Boden.	**R**
Ein bisschen Angst muss sein – wegen der Sicherheit.	**F**
Die Anlage steht für die breite Bevölkerung offen.	**F**
Die Bauzeit der Anlage erstreckte sich über drei Jahre.	**F**
Simon Bühler hat hier seinen 20. Geburtstag gefeiert.	**F**
Simon Bühler hat das Radfahren erst im Teenager-Alter entdeckt.	**F**
Der Parcours befindet sich auf ebenem Gelände.	**F**
Auch in dieser Sportart führt intensives Üben zum Erfolg.	**R**

Heinz Trachsler: Sachtexte verstehen · ab Klasse 7 · Best.-Nr. 773 · © Brigg Pädagogik Verlag GmbH, Augsburg

Bike-Parcours (L 4)

Lösung – Verständnis 2

Beantworte die Fragen anhand der gefundenen Textstellen. (ges. 8 P.)

Wie ist das Gelände beschaffen, das Simon für seinen Park ausgesucht hat?

Es ist ein natürliches Gelände an einem steilen Abhang mit Brettern und Rampen. 1 P.

Seit wann fährt Simon über Hügel und Rampen?

seit er zehn Jahre alt ist 1 P.

Warum sträuben sich dem Laien die Nackenhaare?

Weil man nicht glaubt, dass man hier Fahrrad fahren kann. 1 P.

Woran erkennt man die Steilwandkurve?

an der vier Meter hohen Bretterwand 1 P.

Wozu geben die Sprünge von der „box" Anlass?

Sie werden genutzt, um Tricks auszuprobieren und zu zeigen. 1 P.

Weshalb trainiert Simon zurzeit allein?

Sein Bruder ist verletzt – vom Fahrrad fahren. 1 P.

Fährt Simon heute ein BMX-Rad?

Nein, er fährt heute ein größeres und solideres Bike. 1 P.

Wie ist Simon zu seinem Trainingsplatz gekommen?

Der Besitzer hat ihm dieses Stück Land zur Verfügung gestellt. 1 P.

Bike-Parcours (L 5)

Lösung – Verständnis 3

Welches Wort hat eine ähnliche Bedeutung? Kreuze an:

Podest **1 P.**

Forum	☐
Leiter	☐
Absatz	☒
Rutsche	☐

originell **1 P.**

verrückt	☐
einmalig	☒
seltsam	☐
lustig	☐

profitieren **1 P.**

seine Stärken zeigen	☐
sich selbst beschenken	☐
etwas durchsetzen	☐
einen Nutzen ziehen	☒

Genesung **1 P.**

Gnade	☐
Heilung	☒
Gottesdienst	☐
Erbschaft	☐

   Heinz Trachsler: Sachtexte verstehen · ab Klasse 7 · Best.-Nr. 773 · © Brigg Pädagogik Verlag GmbH, Augsburg

Bike-Parcours L (6)

Lösung – Verständnis 4

Erkläre die folgenden Ausdrücke. (ges. 6 P.)

Latten (1. Textteil, 1. Zeile)

schmale Bretter 1 P.

aufkreuzen (1. Textteil, 7. Zeile)

auftauchen, vorbeischauen 1 P.

Laien (1. Textteil, 15. Zeile)

Nichtfachleute, Anfänger 1 P.

ausgefallen (1. Textteil, letzte Zeile)

unüblich, selten 1 P.

animiert (2. Textteil, 8. Zeile)

regt an, ermuntert, verlockt 1 P.

Protagonisten (2. Textteil, 11. Zeile)

zentrale Figuren, Hauptdarsteller 1 P.

Zusatzaufgabe:

Welches ist das BMX-Rad? Kreuze an. 1 P.

	X	

Punkte: _____ von _____

Bier im Jugendtreff (L 3)

Lösung – Verständnis 1

Erkläre die folgenden Ausdrücke. (ges. 6 P.)

Gratwanderung (1. Textteil, 2. Zeile)

eine heikle Situation mit zwei gegensätzlichen Aspekten 1 P.

---

ausgerechnet (1. Textteil, 16. Zeile)

man hätte es anders erwartet 1 P.

---

vereinbart (1. Textteil, 20. Zeile)

ausgehandelt, abgesprochen 1 P.

---

abstinent (2. Textteil, 6. Zeile)

enthaltsam, alkoholfrei 1 P.

Suff (2. Textteil, 12. Zeile)

umgangssprachlich für Alkoholrausch 1 P.

---

organische (2. Textteil, 17. Zeile)

natürlich, belebt; hier: in Verbindung mit dem menschlichen Organismus stehend 1 P.

Beantworte die folgenden Fragen anhand der gefundenen Textstelle. (ges. 4 P.)

Warum trinken Jugendliche Alkohol? **aus Spaß; weil sie ihre Alltagssorgen ver-**

gessen wollen; aus Geltungssucht; Abrenzung gegenüber den Erwachsenen 1 P.

Wie werden die Party-Veranstalter unterstützt? **Ein Jugendarbeiter kontrolliert alles**

mit/bietet sofort Hilfe an, sobald ein Besucher oder eine Besucherin sich betrinkt. 1 P.

Mit wem wurde das Konzept abgesprochen?

mit der Stadt und mit der Polizei 1 P.

Welche unmittelbaren Gefahren lauern einem/einer Betrunkenen? **Betrunken kann**

man nicht wie gewohnt reagieren; gibt Aggressivität und organische Schäden. 1 P.

Heinz Trachsler: Sachtexte verstehen · ab Klasse 7 · Best.-Nr. 773 · © Brigg Pädagogik Verlag GmbH, Augsburg

----

Welche der folgenden Aussagen sind richtig und welche falsch?
*Schreibe **R** oder **F** in die Kästchen rechts.*

Je 1 P. (ges. 10 P.)

In Wädenswil gibt es im Jugendtreff Gratisbier.	F
Alkohol ist ein großes Jugendproblem.	R
Jeder vierte Junge und jedes sechste Mädchen trinkt täglich Alkohol.	F
Oft wollen Jugendliche ihre Probleme durch Alkoholkonsum verdrängen.	R
Betrunkene Festbesucher und -besucherinnen werden der Polizei übergeben.	F
Annette sagt, dass sie aus Prinzip keinen Alkohol trinkt.	F
Für Selina ist tanzen und quatschen wichtiger als Alkohol trinken.	R
Andreas kommt regelmäßig hierher, um Bier zu trinken.	F
Es gibt noch keine statistischen Angaben über die Trinkgewohnheiten Jugendlicher.	F
Regelmäßiger und übermäßiger Alkoholkonsum schadet der Gesundheit.	R

Stelle dir vor, du sollst in deiner Wohngemeinde für ein Projekt „Bier im Jugendtreff"
werben. Welche Argumente würdest du aufführen? (Das heißt nicht, dass du ein
solches Projekt im wirklichen Leben befürworten musst.) **2 P.**

Lieber kontrolliert trinken als unkontrolliert „saufen". Besser man zeigt sein Trink-

verhalten offen als im Versteckten. Wenn etwas schief läuft, dann ist Hilfe und Betreuung

da. Die Eltern wissen ihre Kinder unter Aufsicht. Man lernt den Umgang mit Alkohol.

Bier im Jugendtreff (L 5)

Lösung – Verständnis 3

Welcher Ausdruck passt nicht in die Reihe? Unterstreiche ihn.   (ges. 10 P.)

Gratwanderung	schmaler Weg	Balanceakt	Grenzwert	<u>Ausflug</u>	1 P.
Job	Profession	Aufgabe	<u>Sport</u>	Beruf	1 P.
in Maßen	in Mengen	<u>vernünftig</u>	angemessen	in Horden	1 P.
ersticken	<u>verkleinern</u>	auslöschen	ermorden	abtöten	1 P.
tratschen	erzählen	plaudern	quatschen	<u>flüstern</u>	1 P.
psychisch	seelisch	seelenkundlich	die Psyche betreffend	<u>körperlich</u>	1 P.
zahlreich	viele	mehrere	<u>andere</u>	einige	1 P.
Studie	Untersuchung	Arbeit	Werk	<u>Kopie</u>	1 P.
Rausch	Unbewusstsein	Lust	Trunkenheit	<u>Vergesslichkeit</u>	1 P.
unterscheiden	abweichen	<u>abfahren</u>	abgrenzen	abheben	1 P.

Erkläre die folgenden Aussagen.   (ges. 5 P.)

„... das regelmäßige Rauschtrinken." (1. Textteil, 2. Zeile)

das wiederholte Trinken bis zum Umfallen   1 P.

„... mit Alkoholvergiftungen ..." (1. Textteil, 12. Zeile)

mit einem Alkoholpegel von über drei Promille   1 P.

„... ist nicht auf der Karte." (2. Textteil, 6. Zeile)

ist nicht zu haben; gibt es nicht   1 P.

„... die Post abgeht." (2. Textteil, 9./10. Zeile)

die Hemmungen gehen völlig verloren   1 P.

„... ein gewisser Geltungsdrang ..." (2. Textteil, 13. Zeile)

mehr scheinen als man ist; sich von der Menge abheben wollen   1 P.

     Heinz Trachsler: Sachtexte verstehen · ab Klasse 7 · Best.-Nr. 773 · © Brigg Pädagogik Verlag GmbH, Augsburg

Bier im Jugendtreff (L 6)

Lösung – Verständnis 4

Beantworte die folgenden Fragen durch Ankreuzen der richtigen Antwort.
Es gibt jeweils nur eine richtige Antwort.

Das Projekt „Bier im Jugendtreff" wurde gestartet, weil ...   **1 P.**

– das Jugendtreff Einnahmen generieren wollte.   ☐

– die Eltern der Jugendlichen darauf drängten.   ☐

– die Polizei dem Jugendtreff einen Auftrag gab.   ☐

– die Jugendarbeiter fanden, es sei die beste Möglichkeit, dem Problem zu begegnen.   ☒

Ein wesentliches Element des Projekts ist, dass ...   **1 P.**

– die Jugendarbeiter die Jugendlichen kontrollieren und ihnen Hilfe anbieten.   ☒

– die Jugendarbeiter das Biertrinken verbieten.   ☐

– die Jugendarbeiter bei der Polizei Anzeige erstatten.   ☐

– die Eltern der Jugendlichen ebenfalls anwesend sind.   ☐

In Wädenswil zeigt sich am besagten Abend, dass ...   **1 P.**

– die Jugendarbeiter sich sehr anstrengen mussten, um die Situation zu bewältigen.   ☐

– die Jugendlichen sich aggressiv verhielten.   ☐

– die Jugendlichen maßvoll tranken.   ☒

– gar kein Bier konsumiert wurde.   ☐

Punkte: _____ von _____

Biber im Thurgau (L 3)

Lösung – Verständnis 1

Beantworte die Fragen zum Text.   (ges. 6 P.)

In welchem Kanton der Schweiz leben heute die meisten Biber?

im Thurgau (etwa ein Viertel aller Biber in der Schweiz)   **1 P.**

Warum trifft man selten lebende Biber an?

Der Biber ist nachtaktiv und menschenscheu.   **1 P.**

Wie fällen die Biber dicke Bäume?

Sie raspeln mit den Schneidezähnen Kerben in die Bäume.   **1 P.**

Wie viele Bäume fallen einem Biber pro Jahr zum Opfer?

etwa 10 Bäume pro Tier   **1 P.**

Wer bewilligt Abschüsse, wenn ein Biber zu hohen Schaden anrichtet?

das Bundesamt für Umwelt   **1 P.**

Was fressen Biber außer Baumrinde noch?

Pflanzennahrung wie Rüben, Mais und Äpfel   **1 P.**

Erkläre die folgenden Ausdrücke oder Wendungen.   (ges. 4 P.)

„... sich ... mit dem Tier auszusöhnen." (1. Textteil, 3./4. Zeile)

Verständnis aufbringen, dass Tiere nichts für ihre Lebensweise können   **1 P.**

„... anhand eines präparierten Schädels ..." (1. Textteil, 15. Zeile)

anhand eines gehäuteten und blankgeputzten Schädels   **1 P.**

„... sozusagen als Anwalt der putzigen Nager ..." (1. Textteil, 20. Zeile)

Er verteidigt die Interessen der Biber gegenüber denen der Menschen.   **1 P.**

„Noch haben sich seine Gegner nicht organisiert, ..." (2. Textteil, 5. Zeile)

Bisher wehrten sich einzelne Menschen und keine ganzen Vereine oder Verbände.   **1 P.**

    Heinz Trachsler: Sachtexte verstehen · ab Klasse 7 · Best.-Nr. 773 · © Brigg Pädagogik Verlag GmbH, Augsburg

Biber im Thurgau (L 4)

Lösung – Verständnis 2

Welches Wort hat die gleiche Bedeutung? Kreuze an:

Exkursion **1 P.**

Hinrichtung	☐
Ausbildung	☐
Lehrausflug	☒
Außenstelle	☐

Sekret **1 P.**

Abteilung	☐
Möbelstück	☐
Geheimnis	☐
Körperflüssigkeit	☒

emsig **1 P.**

fleißig	☒
eitel	☐
verkrampft	☐
fortschrittlich	☐

fasziniert **1 P.**

gestört	☐
verraten	☐
bezaubert	☒
gewinnorientiert	☐

Beantworte die folgenden Fragen durch Ankreuzen der richtigen Antwort.
Es gibt jeweils nur eine richtige Antwort.

Die Wiederansiedelung des Bibers ist umstritten. Warum?   **1 P.**

– Der Biber vertreibt die Feldhasen.   ☐

– Der Biber vermehrt sich furchtbar schnell.   ☐

– Der Biber fällt Bäume und zerstört menschliche Einrichtungen.   ☒

– Der Biber frisst die Kleintiere der Bauern.   ☐

Welche Rolle spielt „Pro Natura"?   **1 P.**

– Diese Organisation kämpft für einen angemessenen Lebensraum für den Biber. ☒

– Diese Organisation sucht Sympathisanten für eine Ausrottung des Bibers.   ☐

– Diese Organisation will, dass der Biber in andere Kantone ausweicht.   ☐

– Die Organisation hat eine Initiative zum Schutz des Bibers im Parlament eingereicht. ☐

Wie versteht Philipp Bernet seine Aufgabe?   **1 P.**

– Er prozessiert gegen die Bauern und Jäger.   ☐

– Er setzt für jeden von einem Biber gefällten Baum eine Belohnung aus.   ☐

– Er kämpft für die Biber, indem er Verständnis für das Tier bei den Menschen schafft. ☒

– Er überwacht alle Aktionen der Gegner der Biber.   ☐

Heinz Trachsler: Sachtexte verstehen · ab Klasse 7 · Best.-Nr. 773 · © Brigg Pädagogik Verlag GmbH, Augsburg

Biber im Thurgau (L 6)

Lösung – Verständnis 4

Welche der folgenden Aussagen sind richtig und welche falsch?
Schreibe R oder F in die Kästchen rechts.

Je 1 P. (ges. 15 P.)

Das Leben mit den Bibern erfordert viel Aufwand für die Menschen.	R
Die Schäden, welche die Biber anrichten, finden die Menschen nicht schlimm.	F
Oberhalb von Kreuzlingen leben keine Biber.	F
Biber gab es schon immer im Thurgau.	F
Der Biber wurde über Jahrzehnte wegen seines Drüsensekrets verfolgt.	R
Das Sekret brauchte man für die Herstellung eines Haarwuchsmittels.	F
Philipp Bernet ist Mediziner.	F
Man sieht an den gefällten Bäumen Raspelspuren der Biber.	R
Die Zähne der Biber funktionieren wie eine Säge.	F
Der Biber ist ein Allesfresser.	F
Es gibt Politiker, die möchten den Biber ins benachbarte Ausland umsiedeln.	R
Man darf Biber unter keinen Umständen abschießen.	F
Man darf einen Biber abschießen, wenn er einen Baum fällt.	F
Man darf Biber in Ausnahmefällen abschießen – dann, wenn sie zur Plage werden.	R
Die Biber verursachen sehr viel weniger Schaden als die Wildschweine.	R

Punkte: _____ von _____

Heinz Trachsler: Sachtexte verstehen · ab Klasse 7 · Best.-Nr. 773 · © Brigg Pädagogik Verlag GmbH, Augsburg